FELIX UNGER/DAISAKU IKEDA

Toleranz leben

FELIX UNGER/DAISAKU IKEDA

Toleranz leben

Buddhistische und christliche Antworten im Spiegel unserer Zeit

Aus dem Englischen von Judith Elze und Katrin Harlaß

HERDER

FREIBURG · BASEL · WIEN

MIX
Papier | Fördert gute Waldnutzung
FSC® C014496
www.fsc.org

Die Gespräche zwischen Felix Unger und Daisaku Ikeda fanden zwischen 1997 und 2006 statt und erschienen 2016 auf Englisch unter dem Titel *The Humanist Principle. On Compassion and Tolerance* bei I.B.Tauris & Co. Ltd. London/New York

www.herder.de

Umschlaggestaltung: wunderlichundweigand, Stefan Weigand
Umschlagmotiv: Gerard Julien/AFP/Getty Images

Satz: Grafikstudio Daniel Förster, Belgern
Herstellung: GGP Media GmbH, Pößneck
Printed in Germany

ISBN Print: 978-3-451-39927-5
ISBN E-Book (PDF): 978-3-451-83290-1

Inhalt

Einleitung

Die Europäische Akademie der Wissenschaften und Künste und die SGI

Ikeda: Die menschliche Existenz ist heute gleichermaßen durch direkte wie strukturelle Gewalt bedroht. Ist es die »harte« militärische oder ökonomische Macht oder die »weiche« Macht des Dialogs, die uns im 21. Jahrhundert Frieden, Sicherheit und Koexistenz bringen wird? Seit den Terroranschlägen des 11. September 2001 werden diese beiden Optionen heftig diskutiert. Hat die Globalisierung des Dialogs mit der rasanten Systematisierung und Globalisierung der Wirtschaft und der Kommunikationsmöglichkeiten Schritt gehalten? Im Juli 1997 haben Sie an der Soka-Universität in Tokio etwas sehr Aufschlussreiches gesagt: »Das weitere Schicksal dieser Erde wird von unserer Fähigkeit zum Dialog abhängen.«

Nie zuvor sind aufrichtige interkulturelle und interreligiöse Dialoge so notwendig gewesen wie jetzt. Ich schätze mich glücklich, wenn dieser Dialog mit Ihnen als dem Präsidenten der Europäischen Akademie der Wissenschaften und Künste, einer aus führenden Denkern bestehenden Institution, zur Globalisierung des Dialogs beiträgt.

Unger: Ich möchte mein Bestes dazu geben.

Aufgrund der zunehmenden Betonung materialistischer Werte verlieren heute viele Religionen die traditionellen Werte aus dem Blick, die ihnen früher einmal gemeinsam waren. Die von Ihnen erwähnte Globalisierung befördert diesen Prozess. Dem Leben wird weniger Wert beigemessen, und tödliche Auswüchse der Gewalt nehmen zu. Auf der einen Seite gerät die Religion in Verfall, auf der anderen breitet sich der Materialismus aus. Wenn wir diese Entwicklung anhalten wollen, müssen wir uns auf sehr alte Werte besinnen.

Ikeda: Ich sehe, worauf Sie hinauswollen. Tolstoi zufolge ist »das Anerkenntnis, dass das Leben jedes einzelnen Menschen heilig ist, […] die erste und einzige Grundlage jeder Sittlichkeit«.[1] Christentum, Buddhismus und anderen Religionen sind grundlegende ethische Tötungsverbote gemein. Auch wenn die Terminologie unterschiedlich sein mag, sind doch Gewaltlosigkeit und das Gebot gegen das Töten solche Verbote. Genau diese müssen wir zur Grundlage einer globalen Ethik machen, wenn wir aus dem 21. Jahrhundert eines ohne Gewalt und Töten gestalten wollen. Deshalb ist auch der interreligiöse Dialog so wichtig. In Ihrer Rede an der Soka-Universität sagten Sie damals: »Der interreligiöse Dialog muss zur Achse des interkulturellen Dialogs werden und eine Grundlage für die Erschaffung von Kultur auf globaler Ebene bilden.«

Unger: Seit über zehn Jahren stehe ich immer wieder in Kontakt mit der Soka Gakkai International (SGI). Sie ist eine einflussreiche buddhistische Gemeinschaft, die aus der buddhistischen Tradition heraus versucht, sinnvolle Ziele für die Menschheit zu definieren und sie auf die reale Welt anzuwenden.

Sie, Herr Ikeda, stehen beispielhaft für diese Tradition. Im Rahmen Ihres umfassenden buddhistischen Wissens sowie Ihrer organisatorischen und publizistischen Fähigkeiten streben Sie danach, die Bedeutung der Menschlichkeit in unserer Welt zum Ausdruck zu bringen. Mithilfe internationaler Kulturaustausche vermitteln Sie überaus kraftvoll die Botschaft des Friedens. Zu Beginn unseres Dialogs möchte ich Sie gern fragen, was Sie persönlich dazu veranlasst hat.

Ikeda: Eine wichtige Motivationsquelle für meine Friedensarbeit sind meine eigenen Kriegserfahrungen. Während des Zweiten Weltkriegs hat das Übel des Ultranationalismus unsere Familie in ihren Grundfesten erschüttert. Unser Haus wurde durch Luftangriffe zerstört, und mein ältester Bruder starb an der Front. Meine Mutter war eine mutige Frau, aber die Nachricht von seinem Tod brach ihr das Herz. Als uns später seine Asche übergeben wurde, saß sie mit der Urne in der Hand da, und die Trauer schüttelte sie am ganzen Körper. Diesen Anblick werde ich nie vergessen. So lernte ich schon früh, dass Krieg – ganz egal, wie sehr die Realität durch Lügen verschleiert wird – stets sinnloses, schreckliches Elend bedeutet.

Eine zweite, spätere Motivationsquelle war die Geisteshaltung, die ich von den Meistern in meinem Leben erlernte. Mitten im Zweiten Weltkrieg versuchten Tsunesaburo Makiguchi (1871–1944), erster Präsident der Soka Gakkai, und sein engster Mitstreiter Josei Toda (1900–1958) – mein direkter Meister – die Philosophie des japanischen buddhistischen Mönchs Nichiren (1222–1282) aktiv fortzuführen, der der Würde des Lebens besonderes Gewicht beimaß. Die Militärbehörden warfen Makiguchi ins Gefängnis, und dort starb er. Auch Toda wurde verhaftet, aber er überlebte und konnte das Vermächtnis seines Meisters im Kampf für den Frieden fortsetzen. Ich betrachte mich als Todas geistigen Erben. Sein tiefster Wunsch war es, die Welt vom Elend zu befreien. Ich sehe es als meine Lebensaufgabe, sein Ziel zu verwirklichen.

Ein weiterer Antrieb für meine Arbeit kommt, da ich ein religiöser Mensch bin, aus der Erkenntnis, dass ich eine soziale Mission habe. Ob direkt ausgeübt oder strukturell bedingt – Gewalt verursacht großes Leid. Statt dem Leiden anderer einfach nur zuzusehen, müssen wir aufstehen und die buddhistische Lehre praktizieren, »den Menschen das Leid zu nehmen und Freude zu bringen«. Ein derartiges mitfühlendes Handeln bildet den Kern des Mahayana-Buddhismus. Nichiren, den wir in der Soka Gakkai verehren, lehrte diesen Geist in seiner Abhandlung *Über das Etablieren der richtigen Lehre für Frieden im Land.* Persönliche Erlösung ist unmöglich, solange man selbstsüchtig das Elend ignoriert, dem andere durch ihnen drohende Gewalt ausgesetzt sind. Kriege sind die unmenschlichste Form einer solchen Bedrohung.

Unger: Die Begründer der Soka Gakkai und ganz besonders ihr zweiter Präsident Josei Toda arbeiteten während des Zweiten Weltkriegs aktiv für den Frieden; sie nahmen dafür persönliches Leid und den Verlust ihrer Freiheit in Kauf. Dies war der Ausgangspunkt für das beständige Engagement der Soka Gakkai für den Frieden und eine atomwaffenfreie Welt. Ich hege den größten Respekt für diese Arbeit.

Ikeda: Todas Aufruf zur Abschaffung aller Atomwaffen und seine feste Überzeugung, dass alles, was das unverletzliche Recht des Menschen auf Leben gefährdet, ein monströses Übel darstellt, waren das Vermächtnis, das er uns jungen Mitstreitern hinterließ. Atomwaffen haben die Macht, die Menschheit und das ökologische System und damit alles Leben zu zerstören. Es gilt, überall das Bewusstsein dafür zu wecken. Teil unserer diesbezüglichen Arbeit sind die beiden Ausstellungen »Atomwaffen: eine Bedrohung für die Menschheit« und »Atomwaffen: eine Bedrohung für unsere Welt«, die wir in 24 Ländern und 39 Städten gezeigt haben, darunter China, die frühere Sowjetunion, in New York, im Sitz der Vereinten Nationen, und in Wien, der Hauptstadt Ihres Heimatlandes. Zur Förderung des kulturellen Austauschs haben wir in Wien eine Reihe weiterer Ausstellungen veranstaltet, angefangen bei »Maki-e-Lack und die orientalische Keramik«, »Schätze japanischer Kunst« und »Das *Lotos-Sutra* und seine Welt: buddhistische Manuskripte der großen Seidenstraße« bis hin zu »Dialog mit der Natur«, einer Ausstellung meiner eigenen Fotos, die dort zweimal und – dank der Fürsprache Ihrer Akademie – auch in der Ungarischen Nationalgalerie gezeigt wurde. Dies ehrt mich sehr, und ich möchte die Gelegenheit nutzen, um mich nochmals dafür zu bedanken.

Unger: Obwohl ich Ihre Beweggründe natürlich nicht im Detail kenne, würde ich den Zweck Ihrer Fotos doch folgendermaßen interpretieren: Der Mensch ist ein Element der Natur und nur dann auf dem rechten Weg, wenn er in ihr verwurzelt ist. In Ihren

Landschaftsfotografien machen Sie dies auf faszinierende Weise symbolisch sichtbar: Sie zeigen unberührte Natur, Kulturlandschaften und zur Gänze von Menschenhand geschaffene Gärten. Ihre Bilder drücken nicht nur die Möglichkeit eines friedlichen Zusammenlebens mit der Natur aus, sie stellen die Natur auch als Grundlage für ein friedliches menschliches Miteinander dar.

Und dennoch ist der Mensch auch dazu in der Lage, sich über die Natur zu erheben und die Lebensgrundlagen zu zerstören. In Ihrem Buch *Das Rätsel des Lebens* erläutern Sie dies aus Sicht der buddhistischen Tradition.

Ikeda: So ist es. In diesem Buch untersuche ich die Beziehungen zwischen Natur und Mensch. Aus buddhistischer Sicht zeigt sich das grundlegende Gesetz des Universums in jeder einzelnen Lebensform – in der Menschheit, in der nichtmenschlichen Natur und in den Sternen am Firmament. Die einzelnen Lebensformen sind nicht voneinander isoliert, sondern Teil der einen kosmischen Lebenskraft. Mit anderen Worten: Jeder Teil steht für das Ganze, und das Ganze steckt in jedem Teil. Der Mensch und die nichtmenschliche Natur sind integrale Bestandteile ein und derselben kosmischen Lebenskraft. Individuell betrachtet sind sie einzigartig, im symbiotischen, kosmischen Sinn aber eine Ganzheit und unwiderruflich miteinander verbunden. Deshalb vernichtet man, wenn man die Natur zerstört, zugleich auch den Menschen. Der Buddhismus kann die Zerstörung der Natur durch den Menschen oder ihre Ausbeutung zwecks Befriedigung egoistischer Gier nicht billigen. Daher sind Buddhisten der Meinung, dass Umweltzerstörung, gesellschaftliche Zerstörung in Form von zügelloser Gewalt und extremer Armut sowie spirituelle Zerstörung in Form eines übersteigerten Egoismus ein und dieselbe Ursache haben.

Die Europäische Akademie der Wissenschaften und Künste, die Sie mit Unterstützung führender europäischer Intellektueller[2] gegründet haben, teilt die Ansichten der SGI bezüglich verschiedener Themen. Auch sie versucht mithilfe des interkulturellen und interreligiösen Dialogs, die Verbindung des Menschen zu Geist, Gesellschaft und Natur neu zu gestalten. Ich fühle mich geehrt, als Ehrensenator an dieser edlen Aufgabe der Akademie mitwirken zu dürfen.

Unger: Als jemand, der Dialoge mit Menschen weltweit führt, sind Sie sehr aktiv. Unsere Akademie verleiht das Amt des Ehrensenators an aktive Persönlichkeiten wie Sie. Durch meine berufliche Tätigkeit als Herzchirurg weiß ich, wie wichtig schnelle Entschlusskraft und entschlossenes Handeln sind, das nicht durch langwierige philosophische Überlegungen beeinträchtigt wird.

Einfluss der Eltern

Ikeda: Bitte gestatten Sie mir nun einige Fragen. Sie sind der Präsident der Europäischen Akademie der Wissenschaften und Künste, ein renommierter Herzchirurg und herausragender Denker. Sicherlich gibt es in Ihrem Leben besondere Menschen, von denen Sie entweder in Ihrem Fachgebiet oder im Privatleben viel gelernt haben und die Ihren tiefen Respekt verdienen. Mögen Sie einige davon nennen?

Unger: Zwei meiner Onkel waren mir gute Lehrer und haben mich von klein auf sehr beeinflusst. Der eine war Graf Karl von Arco, der aus einer der ältesten Familien Österreichs stammte. Er lehrte mich, wie man in allen Lebensumständen reflexions- und handlungsfähig bleibt. Der andere war Professor Gernot Eder. Er brachte mir bei, wissenschaftlich, analytisch, metaphysisch und inklusiv zu denken. Später dann genoss ich die Unterweisungen eines wunderbaren Herzchirurgen, der mir ein väterlicher Mentor war.

Ikeda: Das müssen großartige Beziehungen gewesen sein. Sie wurden also schon in Ihrer Jugend intellektuell stark gefördert. Ihr Vater war ein berühmter Maler und Präsident der Wiener Schule für Angewandte Kunst. Was sind Ihre lebhaftesten Erinnerungen an ihn? Und welche der Lektionen, die Sie von Ihrer Mutter gelernt haben, sind in Ihrem Herzen am tiefsten eingeschrieben?

Unger: Es freut mich, dass Sie nach meinen verstorbenen Eltern fragen. Mein Vater war Maler und hatte einen unglaublich scharfen Blick. Er konnte eine Landschaft genauestens einfangen und sie in wunderbaren Farben wiedergeben – so wie Sie es in Ihren Fotografien tun.

Ikeda: Ihre Eltern haben beide Weltkriege und die schlimme Zeit von Hitlers »Anschluss« Österreichs an Deutschland miterlebt.

Unger: Das stimmt. Zur Zeit des »Anschlusses« waren beide noch sehr jung. Mein Vater wurde eingezogen, aber sie überlebten die Schrecken des Krieges.

Mein Vater drückte sich immer klar und ehrlich und auch sehr genau aus. Von ihm habe ich gelernt, wie wichtig es ist, sich gerade in so unruhigen Zeiten wie den heutigen korrekt und ausgewogen zu äußern. Ich nehme an, dass er dies wiederum von seinem Vater gelernt hatte, der Bauingenieur war. Meine Familie lehrte mich, dass Geld nicht alles ist, sondern dass es darauf ankommt, gerecht zu leben. Meine Mutter war von Natur aus fröhlich, großzügig und optimistisch. Von ihr lernte ich, niemals Angst zu haben. Egal, mit welchen Problemen sie es zu tun hatte, sie sagte immer: »Das ist doch nicht weiter schlimm! Bestimmt findet sich eine Lösung!«

Ikeda: Ihre Eltern waren wunderbare, lebenskluge Menschen, die Sie gelehrt haben, was Glück bedeutet. Ich nehme bei Ihnen das große Licht des Vertrauens wahr. Echte Bildung besteht darin, einen Geist zu kultivieren, der bereit ist, um der Gerechtigkeit willen zu kämpfen.

Die 1990 gegründete Europäische Akademie der Wissenschaften und Künste ist zu einer Organisation von 1200 Intellektuellen aus mehr als 50 Ländern in Europa, Nord- und Südamerika, dem Nahen Osten und Asien angewachsen. König Juan Carlos von Spanien ist einer der Schirmherren; der ehemalige Staatspräsident der Tschechoslowakei Václav Havel (1936–2011) war Ehrensenator ebenso wie der ehemalige Staatspräsident der Sowjetunion Michail Gorbatschow

(1931–2022). Ich hatte die Ehre, all diesen Persönlichkeiten zu begegnen. Nun gibt es überall in Europa traditionelle Akademien. Was hat Sie dazu bewogen, etwas ganz Neuartiges zu gründen?

Unger: Unsere Akademie wurde als Reaktion auf die sehr komplexe aktuelle Problemlage gegründet. Wir Begründer gelangten zu der Erkenntnis, dass sich die Wissenschaft vom Menschen fortentwickelt hat und inzwischen einseitig materiell ausgerichtet ist. Wir waren der Meinung, dass in dem Maße, wie der Materialismus in Wissenschaft und Gesellschaft die Oberhand gewinnt, der Mensch von seinen Kerneigenschaften abweicht, metaphysisch degeneriert und damit droht, die menschliche Natur zu verderben. Die Akademie wurde aus Sorge um diesen Zustand ins Leben gerufen.

Die Naturwissenschaften erwuchsen ursprünglich aus dem Menschlichen. Die gegenwärtige Ausrichtung allein auf das Materielle verleugnet aber ihre geistigen und spirituellen Aspekte. Ähnliches geschieht im Bereich der Wirtschaft. Statt menschlichen – und damit auch geistigen und spirituellen – Bedürfnissen zu dienen, wird die Wissenschaft von allem Menschlichen abgekoppelt und beherrscht uns. Unsere Akademie nähert sich der Wissenschaft aus einer anderen Perspektive.

Beziehungen setzen sich aus einem harmonischen, überschaubaren Dreieck zusammen, das aus der Verbindung zwischen den Menschen untereinander, ihrer Verbindung mit der Natur und ihrer Verbindung mit dem Geistigen besteht. Diese drei geben der menschlichen Existenz eine Orientierung, die wiederum unsere Fähigkeit fördert, die Probleme des Lebens zu lösen. Alle drei Verbindungen sind von wesentlicher Bedeutung, und keine von ihnen darf überbetont werden. Wissenschaften, die die Natur zum Thema haben – wie etwa die Naturwissenschaften und die technischen Disziplinen –, bedürfen einer sozialen und geistigen Ergänzung. Dasselbe gilt für die Wissenschaften, die sich mit den Beziehungen zwischen den Menschen befassen – von den Sozialwissenschaften und der Linguistik bis hin zu Recht, Wirtschaft und Politik. Psychologie und Medizin schlagen eine Brücke zwischen den Natur- und den Sozialwissenschaften und verbinden sie mit den rein geistigen Disziplinen der Philosophie, Kunst und Religion.

Ikeda: Mit anderen Worten: Der Mensch muss im Zentrum Ihres harmonischen Dreiecks aus Naturwissenschaften, Sozialwissenschaften und Geisteswissenschaften stehen. Oder noch anders: Der Mensch existiert nicht um der Wissenschaft willen, sondern umgekehrt, die Wissenschaft existiert um des Menschen willen. In einer Rede, die Sie an der Soka-Universität gehalten haben, sagten Sie: »Wir müssen die Wissenschaften befähigen, zusammenzuarbeiten und ein Netzwerk zu bilden, das das Leben in seiner Ganzheit umfasst [...] Die Wissenschaft muss zwingend eine transdisziplinäre Philosophie entwickeln.« Welche konkreten Schritte unternimmt Ihre Akademie im Umgang mit diesem Thema?

Unger: Die Akademie plant aktuell und für die kommenden Jahre verschiedene Projekte in Zusammenhang mit der Herausforderung, eine nachhaltige Gesellschaft zu gestalten, und der Untersuchung der Wasserressourcen.

In eines unserer großen Projekte ist das Institute of Medicine involviert. Unserer Meinung nach haben in Europa ein zunehmend brutaler Kapitalismus, überforderte Behörden, die Bürokratisierung der Krankenhäuser und eine unfähige Politik ein Zweiklassensystem in der Gesundheitsfürsorge geschaffen. Wer Geld hat, kann sich medizinische Versorgung leisten; wer keines hat, muss sehen, wo er bleibt.

Als Arzt finde ich solche Zustände inakzeptabel. Wir haben das Institute of Medicine in der Hoffnung gegründet, gemeinsam mit dem Europäischen Parlament und der Organisation für wirtschaftliche Zusammenarbeit und Entwicklung ein neues Gesundheitssystem zu entwickeln. Wir müssen tiefer in das Problem einsteigen, statt uns mit pragmatischen, um nicht zu sagen oberflächlichen Korrekturen zufriedenzugeben. Allen meinen Kollegen in der Akademie ist klar, dass die heutige Medizin den eigentlichen Grund ihrer Existenz falsch verstanden hat.

Ikeda: In welcher Hinsicht?

Unger: Die starke Ausrichtung der Medizin auf die Naturwissenschaften hat unbeabsichtigt dazu geführt, dass sie Patienten als Fälle betrachtet, die sich in rein naturwissenschaftlichen Begriffen zusammenfassen lassen. Damit wird der Patient zu einer Anomalie, die zu behandeln ist wie andere gesellschaftliche Anomalien, etwa die Kriminalität. Dies führt zu einer Einmischung seitens der Behörden, denn der Patient als Anomalie ist ein Kostenfaktor, und Kostenfaktoren müssen minimiert werden. Auf diese Weise werden Patienten zu bloßen Gegenständen medizinischer und staatlicher Einflussnahme, und die Medizin, die ihrem eigentlichen Wesen nach ausschließlich deren Interessen und Gesundheit dienen soll, bekommt eine entgegengesetzte Bedeutung.

Ikeda: Genau so ist es. Ärzte haben die Tatsache, dass die Medizin um des Patienten willen existiert, vollkommen aus den Augen verloren. Sie unterteilen die Forschungsbereiche und nehmen den reduktionistischen Standpunkt ein, dass ihnen die gesammelten Erkenntnisse aus einem einzelnen abgegrenzten Bereich eine ganzheitliche Sichtweise vermitteln werden. Dieses Phänomen lässt sich nicht nur in der westlichen Medizin, sondern in allen Naturwissenschaften beobachten. Nur bestimmte Teile zu untersuchen, den Patienten als Ganzes aus dem Blick zu verlieren und ihn nicht mehr als Menschen, sondern als Fall – oder Anomalie, wie Sie es nennen – zu betrachten, ist wohl in gewisser Weise unvermeidlich, denn die moderne westliche Medizin hat sich innerhalb des naturwissenschaftlichen Rahmens entwickelt. Doch ein solcher Ansatz vernachlässigt im Grunde den lebenden Menschen.

In einem Dialog, den ich vor langer Zeit mit dem britischen Historiker Arnold J. Toynbee (1889–1975) führte, sagte dieser: »[…] mir scheint es kaum möglich, dass jemand ein geistig und moralisch hinreichender Arzt ist, wenn ihm die religiöse oder philosophische Einstellung zum Leben des Menschen fehlt und zum Universum, in dem die Menschheit sich selber findet.«[3] Eine Reform der Medizin kann nicht allein innerhalb des medizinischen Bereichs erreicht werden. Sie benötigt die Hilfe von Religion, Philosophie, Ethik, Politik, Wirtschaft und Soziologie.

Unmittelbarer Gegenstand der Medizin ist die Gesamtheit des menschlichen Lebens. Deshalb müssen wir zuallererst sicherstellen, dass sie das Dreiecksverhältnis von Naturwissenschaften, Sozialwissenschaften und Geisteswissenschaften umfasst, das Ihre Akademie propagiert.

Dialog zwischen Philosophie, Religion und Naturwissenschaften

Unger: Eine weitere damit verbundene Aktivität unserer Akademie ist der Versuch, in verschiedenen Wissensgebieten gemeinsame Grundelemente aufzuspüren. Unsere Philosophen und Naturwissenschaftler stellen sich hier gern zur Verfügung. Gemeinsame Nenner zu finden ist die edelste Aufgabe der Wissenschaft. Besonders starke Anregungen liefert hier vor allem die Gentechnologie als die Wissenschaft, die in der Gegenwart die radikalsten sozialen, ethischen und anthropologischen Konsequenzen nach sich zieht. Als Arzt beschäftige ich mich mit dem Problem, wann Leben beginnt und wann es aufhört. In dieser Frage spielt die Gentechnologie eine wichtige Rolle.

Ikeda: Der Buddhismus ist im Wesentlichen eine Auseinandersetzung mit den grundlegenden Fragen von Leben und Tod und eine Suche nach Formen des Umgangs mit dem daraus entstehenden Leid. Shakyamuni und Jesus verglichen gleichermaßen ihre Rolle, die Menschen zu erretten, mit der eines Arztes. In den buddhistischen Schriften wird Shakyamuni als der Große Heiler bezeichnet, also als Arzt für das Leben selbst. Da Krankheit eine Manifestation der Aktivität des Lebens ist, müssen sich die Weisheit der Religion und die medizinische Wissenschaft gegenseitig befruchten. Um das Thema von Gentechnik und Lebensethik anzugehen, ist ein Dialog zwischen Medizinwissenschaft und Religion unabdingbar. Zu einem späteren Zeitpunkt würde ich Sie in diesem Zusammenhang gern zu Ihrer reichen Erfahrung als Herzchirurg befragen.

Unger: Die Notwendigkeit des Dialogs beschränkt sich nicht allein auf die akademischen Disziplinen. In dem Maße, wie heute Datenmengen und Informationen zunehmen und sich immer schneller verbreiten, wird der Dialog wichtiger denn je. Die Kulturen sind miteinander verbunden, ob sie es wollen – und wissen – oder nicht. Dies wiederum ermöglicht einen noch intensiveren Austausch. Spannend an interkontinentalen Diskussionen ist vor allem, dass sie uns ermöglichen, unsere eigenen traditionellen Denkweisen mit denen von Menschen aus anderen Ländern zu vergleichen. Ernsthafte Vergleiche dieser Art zeigen stets auf, dass es mehr Gemeinsamkeiten gibt als Unterschiede. Ich würde sogar sagen, dass wir bestätigen können, in vielerlei Hinsicht gleich zu sein.

Ikeda: Dem stimme ich voll und ganz zu. Menschen aus unterschiedlichen philosophischen Traditionen sollten sich mittels des Dialoges darum bemühen, mehr Gemeinsamkeiten als Unterschiede zu entdecken. Bis heute habe ich mehr als 1600 Dialoge mit führenden Persönlichkeiten und Denkern mit unterschiedlichem religiösen und philosophischen Hintergrund geführt, darunter Christentum, Islam und Hinduismus. Daraus habe ich die Überzeugung gewonnen, dass es möglich ist, gehaltvolle Freundschaftsbande mit Menschen egal welchen spirituellen Hintergrunds zu knüpfen. Dies ist der Grund für mein unerschütterliches Vertrauen in einen universellen Humanismus.

Das gilt auch für den interreligiösen Dialog. Den Weltreligionen sind in ihrer langen Geschichte viele Grundelemente gemein. Im April 2002 kam ich mit Abdurrahman Wahid (1940–2009), dem ehemaligen Präsidenten Indonesiens und Vorsitzenden der größten islamischen Organisation des Landes, zusammen. Wir waren uns einig, dass alle Religionen um des menschlichen Glücks willen existieren und – ohne ihre jeweilige Lehre zu kompromittieren – im Namen des Friedens kooperieren sollten.

Unger: Ich sehe es genauso. Obgleich sich die Religionen in manchen Punkten unterscheiden, teilen sie doch alle dieselbe Hoffnung auf Frieden für die Menschheit.

Ikeda: Auf dem Millenniumsgipfel der Vereinten Nationen im Herbst 2000 sagte Präsident Wahid, der Dialog könne ungeachtet ethnischer Herkunft, kultureller Unterschiede und geschichtlicher Hintergründe dem Gegenüber ein menschliches Gesicht verleihen und den Weg für die Förderung gemeinsamer Werte sowie für das Engagement für eine globale Kultur des Friedens und der Harmonie ebnen.[4]

Unger: Als Arzt weiß ich, dass sich die Menschen weltweit physiologisch erstaunlich ähneln. Dieser Physiologie zwingen wir mit Gewalt kulturelle und religiöse Unterschiede auf. Machen wir uns angesichts unserer körperlichen Ähnlichkeiten nicht etwas vor, wenn wir kulturelle und religiöse Unterschiede zu grundlegenden Konflikten erklären?

Ikeda: Die physiologische Identität ist über alle ethnischen Zuschreibungen hinweg eine grundlegende menschliche Gemeinsamkeit. Die Gentechnik hat kürzlich gezeigt, dass individuelle Unterschiede in der menschlichen DNS-Disposition nicht mehr ausmachen als 0,1 Prozent. Wie der weltbekannte indische Agrarwissenschaftler und ehemalige Präsident der Pugwash-Konferenzen M. S. Swaminathan (1925–2023) hervorhebt, sind sich zudem Menschen und Pflanzen genetisch sehr ähnlich. Kurz gefasst kommt er zu dem Schluss, dass die moderne Genetik die Einheit allen Lebens auf der Erde bestätigt.

Unger: Die wissenschaftlichen Erkenntnisse legen nahe, dass wir nach den Gemeinsamkeiten und Ähnlichkeiten der unterschiedlichen Kulturen und Religionen auf den verschiedenen Kontinenten suchen sollten.

Der interreligiöse Dialog als spirituelle Herausforderung

Unger: Der Dialog dient dazu, unseren Horizont zu erweitern, indem er uns mit den Erfahrungen anderer konfrontiert. In Fragen der Religion fällt ein solcher Austausch allerdings schwerer als in den Naturwissenschaften. Bei Letzteren können auf der Basis des Vergleichs von Messungen verlässliche Grundlagen hergestellt werden. Ein Kilo Brot bleibt ein Kilo Brot. Spirituelles oder geistiges Brot dagegen lässt sich nicht so leicht vergleichen. Es ist zwar nicht weniger wichtig als das präzise wägbare materielle Brot, lässt sich aber nicht so gut messen und verkaufen. Je mehr wir auf das materielle Brot gesetzt haben, desto mehr hat das Materielle mit der Zeit die Oberhand über das Geistige gewonnen. Und nun haben wir es mit einem Kapitalismus zu tun, in dem die Menschheit metaphysisch betrachtet degeneriert ist. So ist ein Mittel zum Selbstzweck geworden. Doch darf das Kapital meines Erachtens keinesfalls als das Maß gelten, das den Wert des Lebens bestimmt.

Ikeda: Um dem Materialismus etwas entgegenzusetzen, hat die Europäische Akademie der Wissenschaften und Künste einen Kurs über den buddhistisch-christlichen Dialog durchgeführt und Berichte auf Deutsch und Englisch darüber veröffentlicht. Ebenso hat sie Dialoge zwischen Vertretern der vier großen Religionen Christentum, Islam, Judentum und Buddhismus geführt. Dieser großen spirituellen Anstrengung wird mit Sicherheit eine historische Bedeutung zukommen. Auf Ihre Anfrage hin hat die SGI drei Jahre lang ab 1997 an sechs Symposien der Akademie teilgenommen.

Unger: Die buddhistische Weisheit und die christliche Offenbarung weisen natürlich Unterschiede in den Denksystemen auf, doch die sechs Symposien haben die Gemeinsamkeiten zwischen den beiden Religionen erfolgreich herausgearbeitet. Diese können zur Überwindung der Probleme beitragen, denen die gesamte Menschheit gegenübersteht. Es geht darum, Brücken zu bauen.

Gemeinsamkeiten von Buddhismus und Christentum

Ikeda: Christentum und Buddhismus haben vieles gemein. Zunächst einmal sind beide Erlösungsreligionen. Sowohl das buddhistische Mitgefühl wie auch die christliche Liebe streben danach, die Menschen zu erretten. Die Aufgabe des Buddhismus besteht in der Befreiung der Menschheit vom Leid durch das Mitgefühl, das der kosmischen Lebenskraft entspringt und in den Menschen manifest wird. In einer Zeit der Unterdrückung reisten Shakyamuni und seine Schüler durch ganz Indien, um die einfachen Menschen aufzurichten.

Unger: Das Christentum lehrt die Liebe Gottes und versucht, den Menschen die Nächstenliebe einzupflanzen. Als Jesus Christus und seine Jünger die Menschen unterrichteten, waren sie selbst Unterdrückung und Entbehrungen ausgesetzt. Jesus hat gesagt: »Ich aber sage euch: Liebet eure Feinde; segnet, die euch fluchen; tut wohl denen, die euch hassen; bittet für die, so euch beleidigen und verfolgen« (Matthäus 5:44). So lehrt das Christentum die Liebe zu allen Menschen.

Ikeda: Eine zweite Gemeinsamkeit besteht darin, dass Christentum und Buddhismus Wege aufzeigen, wie man Aufschluss über das menschliche Leiden geben und die Menschen zu wahrem Glück führen kann. Der Buddhismus sieht als Hauptursache des Leidens eine grundlegende, uns innewohnende Unwissenheit über die wahre Natur des Lebens. Das Christentum betrachtet die Erbsünde als Quelle allen Unglücks. Beide Religionen postulieren eine Dimension der Ewigkeit des Lebens, in der sich die Ursachen allen Leids aufdecken lassen und wahres Glück erreicht werden kann.

Unger: Obwohl Christentum und Buddhismus es mit ihrem jeweiligen philosophischen Hintergrund unterschiedlich angehen, steht für beide unser Lebensweg im Mittelpunkt: Geburt, Alter, Krankheit und Tod.

Ikeda: Eine dritte Gemeinsamkeit ist die Lehre von der Würde des Menschen und des Lebens auf der Grundlage des Heiligen. Der Buddhismus lehrt, dass jedem individuellen Leben die transzendente kosmische Lebenskraft als Buddhanatur innewohnt und sich die Würde des Lebens und der Menschheit aus der Manifestation dieser Buddhanatur ableitet. In der Weltzivilisation der Zukunft muss diese Würde die Basis der Ethik und der Wertkriterien bilden.

Unger: Aus christlicher Sicht leitet sich die Würde des Menschen daraus ab, dass er als Ebenbild Gottes geschaffen wurde. Trotz ihrer Unterschiede stimmen Buddhismus und Christentum in bestimmten Punkten wie etwa den Menschenrechten, Wertesystemen und der globalen Umwelt überein, die über die gegenwärtigen Probleme hinausgehen.

Ikeda: Als wir im Juli 2001 zusammenkamen, schlugen Sie vor, die buddhistisch-christlichen Dialoge um die beiden anderen Weltreligionen Judentum und Islam zu erweitern. Damit war ich sehr einverstanden. Vertreter der SGI nahmen an der ersten dieser erweiterten Konferenzen teil, die unmittelbar nach den unerwarteten Terroranschlägen in den USA am 15. September 2001 stattfand.

Unger: Die Anschläge waren ein riesiger Schock. Ursprünglich sollte die Lebensethik Thema der Konferenz sein. Nachdem ich zu Beginn der Tagung gesagt hatte, die vier Tage zuvor verübten Anschläge hätten die Gefahr eines globalen Konflikts erhöht, schlug ich vor dem Hintergrund dieser Krise den Vertretern der vier Religionen vor, sich mit dem Thema der dem Menschen innewohnenden Destruktivität und Aggressivität zu befassen. Darauf gingen sie ein, und nach einer lebhaften Debatte gelangten wir zu dem Konsens, dass gewaltsame militärische Vergeltungsmaßnahmen zu vermeiden seien und das Gespräch der richtige Weg sei, dem Krieg Einhalt zu gebieten.

Ikeda: Ich bin dankbar für die weise Führung, die Sie damals gezeigt haben. Meines Wissens vertrat der Theologe und Journalist

Dr. Norbert Göttler die Meinung, der Buddhismus könne den Dialog zwischen Christentum und Islam fördern. Diese Konferenzen zwischen den vier Weltreligionen, von denen es in den darauffolgenden Jahren weitere gab, haben zu bedeutenden positiven Ergebnissen geführt.

Zusammenarbeit für die Erlösung

Unger: Die Religionen werden in Europa durch eine sehr starke, fast schon bedenklich zu nennende Säkularisierung an den Rand gedrängt, mit dem Ergebnis, dass die europäischen Kirchen keinen so großen Einfluss haben wie einst. Ich betrachte die Säkularisierung durchaus als Chance und halte sie nicht etwa für ein Unglück. Durch sie sind die Kirchen gezwungen, sich zu rechtfertigen, und verlieren einen Großteil des dogmatischen Ballasts, den sie in der Vergangenheit angesammelt haben. Sie können sich nur dann legitimieren, wenn sie zeigen, dass sie einem harmonischen menschlichen Zusammenleben förderlich sind.

Ikeda: Sie beschreiben, was wir der Religion im 21. Jahrhundert abverlangen sollten. Mitgefühl und Zusammenarbeit beim Überwinden des Leidens bilden die Lebensader der Religion. In einer buddhistischen Schrift sagt der Laiengläubige Vimalakirti über die Ursache seiner Krankheit: »Weil alle Wesen krank sind, bin auch ich krank.«[5] Und Nichiren erklärt: »Die mannigfaltigen Leiden, die alle Lebewesen erfahren, sind auch Nichirens eigene Leiden.«[6] Diese Geisteshaltung, die Leiden anderer als die eigenen zu betrachten, ist mit Sicherheit die treibende Kraft, die den interreligiösen Dialog zu fördern, Differenzen zu überwinden und eine harmonische Gesellschaft aufzubauen vermag.

Mit Aurelio Peccei (1908–1984), einem der Begründer des Club of Rome, sprach ich über die Möglichkeit einer weltweiten religiösen Zusammenarbeit. Er stellte die drängende Frage: »Sind die großen Religionen je aufeinander zugegangen, um sich gemeinsam der

Aufgabe zu stellen, wie man die Weltbevölkerung [aus ihrer gegenwärtigen Misere herausführen und] schon im Diesseits retten kann, bevor es zu spät ist?«[7]

Unger: Welche Ziele erscheinen Ihnen heutzutage für den interreligiösen Dialog am allerwichtigsten?

Ikeda: Um den Inhalt unseres Gesprächs bis hierher zu untermauern, würde ich sagen, dass die Religionen zunächst einmal das gegenseitige Verständnis untereinander fördern sollten. Das wäre die erste Stufe der Toleranz. Wenn die Religionen unter Beibehaltung ihrer unterschiedlichen Glaubens- und Philosophiesysteme versuchen, einander zu verstehen, werden sie viele Gemeinsamkeiten entdecken.

Unger: Dass Christentum und Buddhismus bestimmte Elemente gemein sind, haben wir ja bereits gesehen.

Ikeda: Genau. Das zweite Ziel des interreligiösen Dialogs sollte darin bestehen, dass die Religionen voneinander lernen und diese Erkenntnisse für ihre eigene Weiterentwicklung nutzen. Alle Religionen sollten die anderen Philosophien und Religionen, den Zeitgeist und die globalen Umstände für ihr Wachstum nutzen.

Das dritte Ziel für alle Religionen ist es, wie Peccei hervorhob, sich gemeinsam der Aufgabe zu stellen, wie man die Weltbevölkerung aus ihrer gegenwärtigen Misere herausführen kann. Unsere derzeitige Notlage lässt sich anhand der drei Arten von Beziehungen beschreiben, die Sie bereits genannt haben: der Verbindung zwischen Mensch und Natur, der Verbindung zwischen den Menschen untereinander und der Verbindung zwischen dem Menschen und dem Geistigen. Das erste Problemfeld betrifft die Beziehungen zwischen der Menschheit und der natürlichen Umwelt im Bereich der Ökologie, also die Zerstörung des ökologischen Gleichgewichts, die am dramatischsten in der globalen Erwärmung zum Ausdruck kommt. Das zweite Problemfeld betrifft die Beziehungen zwischen den Menschen im politischen und wirtschaftlichen Bereich. Dabei geht es um Atomwaffen, Konflikte und Kriege, wirtschaftliche Ungleichheit und Armut, die Menschenrechte sowie den mit diesen Problemen verbundenen Terrorismus. Das folgende dritte Problemfeld spielt eine zentrale Rolle: der spirituelle Verfall und die geistige Zerrüttung des Menschen, sichtbar anhand von Phänomenen wie Apathie, Gewaltausbrüchen, chronischen psychischen Erkrankungen und Drogenabhängigkeit, auch schon in jungem Alter. Hier debattiert man über eine ethische Kontrolle der sich schnell entwickelnden Informationswissenschaft und Genetik.

Die komplexen Herausforderungen, denen die Menschheit auf globaler Ebene gegenübersteht, erfordern die Anwendung von Erkenntnissen aus vielen Wissensbereichen. Und der Schlüssel zu allem ist die Wiederbelebung von Weisheit und Kreativität, damit wir unser geistiges Erbe vollumfänglich nutzen können. Bei all diesen Bemühungen kommt der Religion die Aufgabe zu, den menschlichen Geist zu stärken und unsere ethischen und moralischen Werte auf eine höhere Ebene zu heben.

Unger: Sie haben detailliert dargestellt, auf welche Weise die Religion Ihrem präzisen Verständnis nach dazu beitragen kann, einen Weg in eine friedliche Welt zu bahnen, in der Mensch und Natur denselben Respekt genießen. Es besteht kein Zweifel daran, dass die Religion die Kraft hat, dies zu bewirken.

Ikeda: Die Zivilisation des 21. Jahrhunderts muss eine Zivilisation des Dialogs sein, wie es mein Freund, der Harvard-Professor Tu Weiming, vorgeschlagen hat. Herr Tu ist in vielen Bereichen aktiv. In Zusammenhang mit dem »Jahr des Dialogs zwischen den Zivilisationen« der Vereinten Nationen 2001 sprach er beispielsweise auf einer Sitzung der von Generalsekretär Kofi Annan (1938–2018) einberufenen Gruppe namhafter Persönlichkeiten über die konfuzianische Zivilisation. Den Dialog bezeichnet er als einen wichtigen Mechanismus für die Beseitigung interkultureller Widersprüche und Gegensätze und betont, dass wir die Werte und Umstände anderer anerkennen und respektieren sowie voneinander lernen und profitieren müssen. Sie handeln in Übereinstimmung mit seinen Ermahnungen, weil Sie den interreligiösen Dialog so stark fördern.

Unger: Dieser interreligiöse Dialog wird der Eckpfeiler für die Dialoge zwischen Zivilisationen werden. Auch unser Gespräch zeigt, dass der Dialog zwischen den Religionen und die interreligiöse Zusammenarbeit möglich sind und von den Menschen gewünscht werden. Der Dialog zwischen Christentum und Buddhismus wie auch zwischen den vier Weltreligionen hat mich in meiner Entschlossenheit bestärkt, mich zusammen mit Ihnen für die Würde des Lebens, die Achtung des Menschen und den Frieden fortwährend einzusetzen.

Kapitel I

Religion und Toleranz

Ikeda: Die Tugend der Toleranz ist in der heutigen Ära der Globalisierung und neuen Begegnungsmöglichkeiten von ganz wesentlicher Bedeutung. Die rasanten Fortschritte in Verkehrswesen und Kommunikation haben die Möglichkeiten und die Anzahl zwischenmenschlicher Begegnungen auf eine früher undenkbare, dramatische Weise ausgeweitet und gesteigert. Wir lernen unsere Nachbarn im globalen Dorf kennen, erfahren die Vielfalt der Kulturen und Gebräuche und werden von diesen berührt. Obwohl besonders große Unterschiede mitunter schwer auszuhalten sind, rückt die Welt immer näher zusammen mit dem Ergebnis, dass wir keine Wahl haben: Wir müssen gut mit unseren neuen Nachbarn auskommen. Unter diesen Umständen ist Toleranz unerlässlich. Doch allein das Wort Toleranz ist höchst komplex und konnotationsreich. Sie, Herr Unger, haben sehr bewusst einen toleranten Geist kultiviert. Was bedeutet für Sie Toleranz?

Unger: Toleranz ist etwas sehr Aktives und Persönliches. Sie entsteht aus Diskussionen mit anderen. Es handelt sich um einen Vorgang, bei dem ich aus mir herausgehe, wenn ich mit anderen spreche. Es ist ein Beispiel menschlicher Arithmetik, bei der eins plus eins nicht zwei, sondern drei ergibt. Wenn es einen echten Austausch zwischen zwei Meinungen gibt, entsteht eine dritte, neue Meinung, die den Ausgangspunkt für weitere Gespräche bildet.

Natürlich stößt der Geist der Toleranz an Grenzen, sobald die zwischenmenschlichen Beziehungen belastet sind. Doch diese Grenzen müssen hinterfragt werden.

In jedem Fall ist Toleranz ein geistiger Dienst am anderen. Es ist eine aktive Form der Koexistenz, bei der ich mich mit meinen Mitmenschen identifiziere und mich für sie verantwortlich fühle. Begegnungen mit anderen führen zu großartigen Entdeckungen und dem bestmöglichen Nutzen für die Menschheit. In einem mehr als nur symbolischen Sinne verdanken wir unsere gesamte Existenz den liebevollen Begegnungen zwischen zwei Menschen. Dies ist ein weiteres Beispiel für die menschliche Arithmetik, nach der eins plus eins drei ergibt.

Ikeda: Begegnungen mit anderen erweitern den Horizont des Einzelnen und bereichern die Kulturen und Zivilisationen. Das Zusammentreffen mit einem fremden Menschen bedeutet in Wahrheit ein Zusammentreffen mit dem unbekannten Selbst, mit der Auswirkung, dass beide Seiten sich verbessern und revolutionieren.

Allerdings zeigt die Geschichte seit frühester Zeit, dass Begegnungen von Toleranz und Akzeptanz oder von Intoleranz und Zurückweisung geprägt sein können. Intolerante Zurückweisungen führen zu Konflikt und Zerstörung, während Toleranz positive Auswirkungen wie Harmonie und Schöpfung zur Folge hat. Um das Bild der Arithmetik aufzugreifen: Eins plus eins kann genauso gut null ergeben oder sogar in den Negativbereich gehen, wie auch plus drei, vier, fünf oder mehr.

Unsere heutige Zeit mit ihren beispiellosen Begegnungsmöglichkeiten kann gleichermaßen negative wie positive Ergebnisse hervorrufen. Es ist zutiefst besorgniserregend, wie Konflikte aufgrund von Intoleranz heute in vielen Teilen der Welt Kriege entfachen. Die drängende Aufgabe besteht darin, die Welt zu einem Ort der Toleranz zu machen.

Der Kapitalismus als neue Religion

Unger: Meiner Meinung nach stellt das Kapital heutzutage eine neue Religion dar. Auch wenn es nicht automatisch mit Gewaltanwendung einhergeht, verschleiert es sprachlich seine Gewalttätigkeit mit Euphemismen wie »Personal freisetzen« anstelle von »feuern«, »Umstrukturierung« anstelle von »Schließung« und »Flexibilität« anstelle von »Verantwortungslosigkeit«. Trotz solcher Umschreibungen hat die Sprache des Kapitals wenig mit Toleranz zu tun. Sie verhärtet die Herzen und missachtet jede Menschlichkeit. Solange das Kapital das Leben fördert, ist es zweifellos unverzichtbar. Wie jedoch der Mythos des König Midas aufzeigt, nährt uns das Kapital nicht. Alles, was der König berührte, wurde zu Gold, doch wäre er fast gestorben, weil er das kostbare Metall nicht essen konnte.

Ikeda: Aus Sicht des Mittelalters ist die heutige Gesellschaft mit ihrer Anbetung des Kapitals als Gott erstaunlich materialistisch ausgerichtet. Der bedingungslose Glaube an die Allmacht des Marktes beruht auf dem Gesetz des Dschungels. Die Reichen sind den Armen überlegen, die als minderwertig betrachtet werden und keinen Platz im gesellschaftlichen Leben mehr eingeräumt bekommen. In welchem Ausmaß dies die Menschen verhärtet, ist besorgniserregend.

Die Globalisierung zwingt die ganze Menschheit dazu, in einer schrumpfenden, von Ungleichheit und Ungerechtigkeit geprägten Welt zusammenzuleben. Menschen, die aufgrund der Gleichgültigkeit anderer ausgeschlossen werden, entwickeln zwangsläufig einen tiefen Groll. Natürlich sind Terroranschläge absolut unzulässig und ein großes Übel. Aber mit Waffengewalt dagegen vorzugehen, ist nicht die Lösung. Stattdessen müssen wir eine Gesellschaft aufbauen, die von Empathie für den Schmerz und das Leid der anderen gekennzeichnet ist. Wir müssen unserer Gesellschaft Mitgefühl beibringen.

Unger: Wir sind uns natürlich einig, dass Aggressionen, die so viele Menschenleben kosten, niemals entschuldbar sind. Statt uns zu rechtfertigen, müssen wir uns jedoch selbstkritisch fragen, wie wir den schrecklichen Hass auf die kapitalistische Kultur mildern können. Dieser Hass wurzelt in der Art und Weise, wie sich unser Wirtschaftssystem nach und nach die gesamte Welt unterwirft und dabei die ethischen Werte anderer Kulturen unterminiert. Deshalb waren die Anschläge vom 11. September gegen ein Hauptsymbol des Kapitalismus gerichtet. In diesem Fall ging der Hass mit Intelligenz, rationaler Ausführung und Ausdauer einher. Der Westen weiß nun, wie es sich anfühlt, Zielscheibe zu sein und angegriffen zu werden. Angesichts der dramatischen Entwicklungen nach dem 11. September klingt das Wort Toleranz erbärmlich mild und hilflos. Dennoch dürfen wir uns nicht unserem Schicksal ergeben. Denn das würde bedeuten, den Glauben an die geistigen und spirituellen Werte aufzugeben.

Ikeda: Ich stimme Ihnen voll und ganz zu. Eine uneingeschränkte moderne Marktgesellschaft ist nicht das einzige überlebensfähige System. In anderen Traditionen verwurzelte Gesellschaften verfügen über andere Entwicklungsmöglichkeiten. Um diese jeweils inhärenten Möglichkeiten freizulegen, müssen wir überall auf der Erde den Geist der Toleranz fördern und verbreiten. Im Buddhismus drückt sich solch eine tolerante Geisteshaltung als Mitgefühl aus.

Chartas der Toleranz

Ikeda: Toleranz ist tatsächlich eine grundlegende Herausforderung des 21. Jahrhunderts. Im Geist des interreligiösen Dialogs hat die Europäische Akademie der Wissenschaften und Künste im Januar 2002 ihre Charta der Toleranz herausgegeben, auf die ich jetzt gern eingehen würde. Sie proklamiert Toleranz als Pflicht für alle Menschen. Wie ist das Dokument entstanden?

Unger: Unsere Charta der Toleranz hat sich im Wesentlichen aus der Multidisziplinarität und Internationalität der Akademie heraus entwickelt. Unsere vielen religiösen Dialoge haben gezeigt, dass es um Koexistenz als Tugend und zugleich als drängende Forderung geht. Um uns dieser Aufgabe zu stellen, haben wir einen Rat gegründet, der Sprachrohr unseres Senates sein soll und die Charta der Akademie formuliert hat. Sie ist für uns von großer kultureller Bedeutung.

Die Charta umfasst zwei Teile: die Präambel und sechs Definitionen. Die Präambel besteht aus drei Paragrafen, die auf den aktuellen Zustand der Gesellschaft eingehen.

Ikeda: Soweit ich es verstehe, wird darin festgehalten, dass jeder Mensch die Andersartigkeit und die Werte anderer respektieren muss.

Unger: Unsere Charta beschreibt das Leben als ständigen Wandel und sieht die Geschwindigkeit und den Umfang dieses Wandels – der so extrem ist, dass man nicht mehr weiß, in welche Richtung er führt – als typische Merkmale unserer Zeit. Die Charta enthält die Aufforderung, den vielfältigen Formen von Intoleranz eine Kultur der Toleranz entgegenzusetzen. Die wachsende Individualisierung führt dazu, dass viele Menschen ihr Leben als absolut bewerten und anderen gegenüber kein Mitgefühl aufbringen. Die Familie sollte der menschlichen Gesellschaft als stabiler Kern dienen. Aber dies kann sie als in sich gefährdete Institution immer weniger leisten. Daher erinnern wir alle Amtspersonen an ihre Verantwortung, der Toleranz als gesellschaftlichem Gut Geltung zu verschaffen. In diesem Sinne sprechen wir die Menschen allgemein und unabhängig von ihrem religiösen oder politischen Hintergrund an.

Sehe ich es richtig, wenn ich die Präambel der Charta, die Sie in der SGI verfasst haben, als Ausdruck des buddhistischen Humanismus verstehe?

Ikeda: Ja, die Charta der SGI[8], die im November 1995 in Kraft getreten ist, legt unsere wesentlichen Ideale dar. Darin heißt es unter anderem:

> Wir, die konstituierenden Gemeinschaften und Mitglieder der Soka Gakkai International (SGI), sind […] entschlossen, auf der Grundlage der humanistischen Sicht des Buddhismus den Geist des Weltbürgertums und der Toleranz und den Respekt vor den Menschenrechten zu fördern; wir sind entschlossen, uns durch Dialog, durch tatkräftige Anstren-

gungen und durch ein klares Bekenntnis zur Gewaltlosigkeit der globalen Themen anzunehmen, denen sich die Menschheit gegenübersieht.

Als Wegweiser dient der Geist der Toleranz. Es folgen zehn Leitsätze, in denen die Ziele und Grundsätze der SGI niedergelegt sind. Der Buddhismus zielt auf die Entwicklung einer universellen Menschlichkeit ab, und genau darauf gründet sich die Charta. Unsere Mitgliedschaft sprengt alle nationalen, ethnischen und kulturellen Grenzen, denn sie stammt aus 190 [heute 192] Ländern und Gebieten. In den Regionen, in denen wir tätig sind, bieten die verschiedenen Ethnien, Kulturen und Religionen Potenzial sowohl für Toleranz wie auch für Intoleranz.

Mithilfe der Anregung zum offenen Dialog und eines dauerhaften Engagements vor Ort wollen wir eine wohlwollende Toleranz fördern. Wir sind der Überzeugung, dass die Kultur des Dialogs einen Boden bereitet, auf dem eine universelle Menschlichkeit erblühen kann, die sich in vielfältigen Formen ausdrückt. Die Charta der SGI drückt unser Gelübde als Buddhisten aus, Frieden und harmonische Koexistenz zu fördern. In diesem Geist bin ich mit führenden Persönlichkeiten und Denkern vieler kultureller und religiöser Hintergründe in den Dialog getreten, darunter Christen, Muslime und Hindus.

Unger: Genau deshalb möchte ich mich Ihrem Streben anschließen, den Geist der Toleranz um des Friedens willen voranzutreiben.

Der Präambel unserer Charta der Toleranz schließen sich sechs Definitionen an:

1. Toleranz ist die individuelle Bereitschaft, für die Würde eines jeden anderen Menschen einzutreten.
2. Toleranz findet ihren Ausdruck in einer auf die Würde des Menschen verpflichtenden Werteordnung.
3. Toleranz erfordert die Fähigkeit des Menschen, den anderen zu verstehen und ihn in seinem Anderssein zu respektieren.
4. Toleranz setzt einen sicheren Standpunkt voraus.

5. Toleranz dient dem Schutz, der Würde und Freiheit jedes Menschen in seinem kulturellen Umfeld.
6. Toleranz zu garantieren und weiterzuentwickeln, ist allgemeine Verpflichtung und Kernelement jeder Erziehung.[9]

Ikeda: Der Geist, der in diesen Definitionen der Toleranz zum Ausdruck kommt, findet meine volle Zustimmung. Die folgenden Paragrafen zeigen die Art und Weise, auf die sich der Geist der Toleranz im Haupttext der Charta der SGI ausdrückt:

- Die SGI wird, ausgehend vom Ideal der Weltbürgerschaft, die fundamentalen Menschenrechte bewahren und niemanden aus irgendeinem Grund diskriminieren.
- Die SGI wird, auf der Grundlage des buddhistischen Geistes der Toleranz, andere Religionen respektieren, mit ihnen in Dialog treten und für eine Lösung grundlegender, humanitärer Probleme zusammenarbeiten.
- Die SGI wird kulturelle Unterschiede respektieren und den Kulturaustausch fördern, um auf diese Weise die Entwicklung einer internationalen Gesellschaft von gegenseitigem Verständnis und Übereinstimmung zu begünstigen.
- Die SGI wird, begründet auf dem buddhistischen Verständnis der Verbundenheit allen Lebens, den Schutz der Natur und der Umwelt voranbringen.
- Die SGI wird zur Förderung der Erziehung beitragen, indem sie das Streben nach Wahrheit sowie die Entwicklung des Bildungswesens unterstützt, um allen Menschen zu ermöglichen, ihre Persönlichkeit zu entwickeln und ein erfülltes, glückliches Leben zu führen.

Wie diese Verlautbarungen verdeutlichen, stimmen die Charta der Toleranz der Akademie und die Charta der SGI in ihrer Auslegung des Geistes der Toleranz im Wesentlichen überein.

Unger: Unsere Einstellung zum Dialog ist nur eine von vielen Gemeinsamkeiten. Jeder aufrichtige Austausch weist auf die Art von Toleranz hin, die in dem neutestamentarischen Appell zum Ausdruck kommt: »[…] und so dich jemand nötiget eine Meile, so gehe mit ihm zwo.« (Matthäus 5:41) Diese schwierige Metapher bezieht sich auf die römische Forderung an alle Juden, einem römischen Bürger für eine Meile sein Gepäck abzunehmen. Christus' Vorschlag, noch eine zweite Meile hinzuzufügen, legt den Grundstein für den Dialog, da beide Parteien auf dem zusätzlichen gemeinsamen Weg die Möglichkeit bekommen, ein echtes Gespräch miteinander zu führen.

Sie kommen aus der buddhistischen Tradition, Ihr Weltbild unterscheidet sich von dem der Christen. Dennoch machen wir Christen uns immer mehr mit diesem Bild vertraut. Auch wenn wir es nicht in seiner Gänze annehmen wollen, erkennen wir seine zutiefst humanistischen Elemente. Hinter Ihrer Charta und unserer Charta der Toleranz stehen unterschiedliche Traditionen. Wir assoziieren Toleranz nicht mit unserer religiösen Tradition wie Sie; wir sind säkularer geprägt. Trotzdem sind wir über grundlegende Werte miteinander verbunden, und die Zusammenarbeit offenbart neue Gemeinsamkeiten.

Ikeda: Der Inhalt der Charta der Toleranz Ihrer Akademie sollte den Anführern aller Länder als Vorbild dienen. Intoleranz zu überwinden ist auch eines der wichtigsten Ziele der Vereinten Nationen. In der Präambel der UN-Charta ist die Rede davon, »Duldsamkeit zu üben und als gute Nachbarn in Frieden miteinander zu leben«. In Übereinstimmung damit haben die Vereinten Nationen 2001 in Durban, Südafrika, die »Weltkonferenz gegen Rassismus, Rassendiskriminierung, Fremdenfeindlichkeit und damit zusammenhängende Intoleranz« abgehalten. Schon ab der Vorbereitungsphase beteiligten sich Vertreter der SGI begeistert an allen Phasen der Konferenz. Trotz internationaler Bemühungen dieser Art zeigt sich jedoch, dass die Unterdrückung der Menschenrechte durch Intoleranz und Diskriminierung tief verwurzelt und nur schwer zu überwinden ist.

Unger: Phänomene wie Rassismus stehen der Toleranz zweifellos im Weg. Wir beide nehmen die Menschenrechte zum Ausgangspunkt. Im Verlauf unseres Dialogs werden wir noch viel mehr dazu zu sagen haben.

Monotheismus und Intoleranz

Unger: Der Gedanke an die Intoleranz in der heutigen Welt stimmt mich vor allem wegen der unmenschlichen Kontroversen im Nahen Osten sehr traurig, der schließlich die Wiege der drei großen abrahamitischen Religionen Judentum, Christentum und Islam ist. Alle drei bekennen sich zu einem allmächtigen Gott, den der Patriarch Abraham als Gast in seinem Haus erkannt hat, haben aber in Wahrheit seinen Geist begraben. Für mich ist es ein Zeichen von Intoleranz, wenn man Einsichten leichtfertig beiseiteschiebt, die die eigenen Vorstellungen und Bemühungen infrage stellen könnten. Wir müssen stets nach jener Intoleranz Ausschau halten, die sich hinter der Heuchelei verbirgt. Machtspiele lassen sich leicht hinter menschenfreundlichen Phrasen verstecken.

Ikeda: Selbst wenn die Geschichte zeigt, dass der Monotheismus eher zu Intoleranz neigt als der Polytheismus, kommt diese Tendenz nicht immer zum Tragen. Und auch Menschen mit einem polytheistischen Glauben können intolerant sein. Nicht nur die Lehren, auch die Einstellung der Gläubigen zu diesen Lehren entscheidet über Intoleranz oder Toleranz. Der japanische Shintoismus ist polytheistisch. Als er im 20. Jahrhundert mit der faschistischen Ideologie verbunden und zur Staatsreligion wurde, legte er eine derart engstirnige Intoleranz an den Tag, dass er Unheil über die Völker Asiens brachte.

Im Zweiten Weltkrieg weigerten sich Tsunesaburo Makiguchi, erster Präsident der Soka Gakkai, und Josei Toda, zweiter Präsident, den Shinto-Göttern zu huldigen, und wurden verhaftet. Makiguchi starb im Gefängnis; Toda wurde nach zwei Jahren Haft freigelassen. Obgleich der Polytheismus zunächst toleranter wirkt, kann auch er je nach Auslegung und Haltung seiner Anhänger extreme Intoleranz und Gewalt entfalten.

Der Buddhismus selbst hat zwar nie blutige Glaubenskriege erlebt und war im Allgemeinen tolerant, aber viele Buddhisten billigten den japanischen Ultranationalismus, gingen bereitwillig Kompromisse ein und fügten sich der faschistischen Ideologie. In Ermangelung einer ausdrücklich pazifistischen Geisteshaltung leisteten solche Buddhisten keinen Widerstand gegen das Regime. Nur wenige stellten sich wie Makiguchi und Toda den Behörden mutig entgegen und verteidigten ihre Glaubensfreiheit selbst angesichts ihrer Verhaftung. Alles hängt vom Einzelnen ab.

Wenn man es genau betrachtet, entstehen Kriege, die als Glaubenskonflikte beschrieben werden, meist nicht so sehr aus Gründen, die sich in den Religionen selbst finden, sondern vielmehr aus politischen und wirtschaftlichen Interessenskonflikten. Heute erleben wir komplexe historische Konflikte und Gewinn-Verlust-Antagonismen, die auf dualistische Schemata von Gut und Böse in Bezug auf Religion reduziert werden. Das könnte man eine Form von Missbrauch nennen.

Unger: Wir müssen immer unterscheiden, ob ein bestimmter Konflikt seine Ursache wirklich in religiösen Überzeugungen hat. Die Kriegsparteien mögen zwar einen unterschiedlichen religiösen Hintergrund haben, doch ist das kein Grund, die Religion für den Krieg verantwortlich zu machen.

Ikeda: Und wenn einzelne Gläubige zu extremer Gewalt neigen, ist das noch lange kein Grund für Misstrauen und Feindseligkeit gegenüber allen anderen Menschen dieses Glaubens.

Unger: Da Religion im Leben eine so große Rolle spielt, sollten wir umso mehr dafür sorgen, dass sie nicht zu Intoleranz führt. Doch lässt die Geschichte Zweifel daran aufkommen, ob wir dazu in der Lage sind. Das Christentum lehrt zum Beispiel die Nächstenliebe, zugleich beweisen aber die Kreuzzüge, die Judenverfolgung und die

Abtreibungsfrage, dass es auch sehr intolerant sein kann. Wie die Geschichte des Westens zeigt, hat das Christentum irreparable Fehler begangen. Papst Urban III. rechtfertigte die Kreuzzüge, indem er die Muslime als Dämonen brandmarkte. Die Kreuzfahrer fügten den Muslimen unsagbares Leid zu und legten damit den Grundstein zu Feindseligkeiten zwischen dem Westen und dem Nahen Osten, die ein gegenseitiges Verständnis bis heute erschweren. Das Dämonen-Stigma blieb haften. Sobald eine Partei der anderen mit Misstrauen begegnet, sind die Voraussetzungen für einen multikulturell geprägten sozialen Konflikt geschaffen.

Ikeda: Dämonisierung ist ein erster Schritt in Richtung Krieg. Wenn andere Menschen nicht mehr als ebenbürtig, sondern als Nichtmenschen gesehen werden, die weder Leid noch Schmerz empfinden, kann man sie auch bedenkenlos angreifen und töten. Sie werden zu abstrakten Einheiten gemacht, denen jedes individuelle Gesicht fehlt. Wenn sich eine solche Haltung etabliert, lassen sich leicht künstliche Gegensätze entwerfen und ausweiten. Dieses Risiko bergen zum Beispiel Theorien über einen Kampf der Kulturen, wie etwa die feindselige Haltung gegenüber der arabischen oder chinesischen Zivilisation belegt.

Die Welt verdankt der islamischen Kultur eine Menge. Das christliche Europa erlebte die sogenannte Renaissance des 12. Jahrhunderts, aus der das moderne Europa hervorging, weil sie aus der islamischen Welt höchst fortschrittliche Erkenntnisse aus Naturwissenschaft und anderen Disziplinen übernahm. Die Welt muss sich den enormen Nutzen viel stärker ins Bewusstsein rufen, den die islamische Zivilisation gebracht hat.

Unger: Was halten Sie von der Idee, Religion würde von Natur aus Toleranz erzeugen?

Ikeda: Da sprechen Sie einen wichtigen Punkt an. Ich glaube nicht, dass Religionen an sich eine Bedrohung für die Toleranz darstellen. Die Krise der Toleranz ist kein religiöses Phänomen, sondern eine komplizierte Mischung aus politischen und wirtschaftlichen Auseinandersetzungen. Aufgabe der Religion ist es, gegen diese Krise anzukämpfen und sich um einen allgemeinen Konsens über Toleranz zu bemühen.

Die Erörterung von Religion in Zusammenhang mit Toleranz und Intoleranz erfordert eine Untersuchung des Wesens und der Ziele von Religion an sich. Religion sollte die Menschen zu einer ewigen, universellen Wahrheit hinführen. Wenn dies so ist, sollten alle Religionen schlussendlich die Haltung verkörpern, das Glück der Menschen zu fördern. Eine Religion verleugnet ihre eigene religiöse Natur, wenn sie anderen gegenüber intolerant und selbstgerecht wird.

Unger: Durch die gesamte Geschichte hindurch haben Anhänger einiger Religionen in ihrem Bestreben, Anspruch auf die letzte Wahrheit zu erheben, die Intoleranz gefördert. Dasselbe passiert heute. Manche Menschen glauben sogar, dass die Intoleranz das Ursprüngliche und eine starke Kraft sei, während die Toleranz im Gegensatz zu ihr erst später kultiviert worden sei.

Ikeda: Religiöse Hingabe erfordert einen festen Glauben an die vermeintliche Wahrheit der eigenen Religion. Lassen wir aber zu, dass dieser Glaube uns intolerant, absolutistisch und engstirnig macht, läuft dies dem Wesen der Religion zuwider, die ja die Wahrheit erklären will. Vielmehr sollten religiöse Menschen ihre Weisheit im Interesse der Wahrheitsfindung bündeln und miteinander darum wetteifern, echtes menschliches Glück zu verwirklichen. Wenn man in anderen Religionen vertraute Wahrheiten aus der eigenen wiederentdeckt, stärkt dies das Gefühl der Richtigkeit des eigenen Glaubens. Die Wahrheiten anderer Religionen in ihrer Gesamtheit abzulehnen, kann hingegen die eigene Glaubwürdigkeit mindern.

Unger: In diesem Zusammenhang könnte der Blick auf das europäische Zeitalter der Aufklärung nützlich sein. Als die Aufklärer den vorbehaltlosen Glauben an Absolutheiten mithilfe der Vernunft zu entlarven und zurückzuweisen vermochten, hielten sie dies für die höchste Errungenschaft der Menschheit. In Österreich verbinden wir damit vor allem Kaiser Joseph II., da er zur Förderung einer größeren Religionsfreiheit die sogenannten Toleranzpatente erließ.

Ikeda: Joseph II. war ein Förderer von Mozart und wegen seiner radikalen Reformen als sehr fortschrittlicher Kaiser bekannt.

Unger: Wir sollten auch nicht vergessen, dass die österreichisch-ungarische Monarchie das erste Staatsgebilde im 19. Jahrhundert war, das den Islam als Religion staatlich anerkannte.

Ikeda: Österreich ist ein gutes Beispiel für die kulturell bereichernden Auswirkungen einer toleranten Haltung. Dadurch, dass das Land die Talente von Menschen aller Religionen und Ethnien willkommen hieß, machte es die kaiserliche Hauptstadt Wien zur Wiege einer neuen Gelehrsamkeit und Kunst. Zu den habsburgischen Herrschern gehörten einige große Kunstliebhaber wie etwa Kaiser Maximilian I. Es heißt sogar, eine Maxime des habsburgischen Hauses habe gelautet, die Harfe sei mächtiger als das Schwert.

Tiefes Kulturverständnis lässt eine Atmosphäre der Toleranz entstehen. Darüber hinaus hat der menschliche Geist seit der Antike Kulturen hervorgebracht, die in der Religion wurzeln. Deshalb ist die Toleranz gegenüber anderen Kulturen auch mit der Toleranz gegenüber anderen Religionen und Menschen verbunden.

Um kurz vom Thema abzuschweifen, möchte ich gern den Besuch der Wiener Staatsoper in Japan erwähnen, der 1980 auf Einladung der Min-On Concert Association stattfand. Für mich als ihr Gründer war es ein unvergessliches Erlebnis.

Unger: Das war wirklich ein historisches Ereignis. In Europa wird die Toleranz häufig nicht so sehr als religiöses, sondern eher als philosophisches Ideal betrachtet. Gilt das auch für Japan?

Ikeda: Im Westen wird Toleranz als philosophisches Ideal verstanden. Im Englischen und auch in anderen westlichen Sprachen verkörpern Begriffe, die für Ideale oder Ideen stehen, traditionsgemäß philosophische Konzepte. Mit der zunehmenden Säkularisierung haben die traditionellen theologischen Antworten auf existenzielle Fragen ihre Überzeugungskraft verloren und seit Søren Kierkegaard (1813–1855) der Existenzphilosophie Auftrieb gegeben.

Bei uns in Japan dagegen gibt es keine Philosophien wie die des Westens, die ewige und universelle Ziele verfolgen, sodass es allein schon Schwierigkeiten bereitet, bestimmen zu wollen, ob die Toleranzfrage religiöser oder philosophischer Natur ist. Da Religion im Osten eine Philosophie der menschlichen Existenz, des Lebens an sich und der praktischen Ausübung bedeutet, wird ein philosophisches Thema ganz selbstverständlich als religiöse Frage betrachtet. Da die Toleranz für ein harmonisches Zusammenleben erforderlich ist, muss Religion ihr Wegweiser sein.

Diese Anhaltspunkte finde ich in der buddhistischen Philosophie von der Würde des Lebens, der Gleichheit aller Menschen und des Respektes für den Menschen. In diesem Zusammenhang ist besonders das Beispiel des Bodhisattva namens »Niemals Verachtend« aufschlussreich, der im *Lotos-Sutra* vorkommt. »Niemals Verachtend« erwies der Buddhanatur seine Ehrerbietung als dem höchsten Wert, der jedem Menschen innewohnt. Ironischerweise verachteten und verfolgten ihn gerade die Menschen, die er ehrte, weil sie sich ihrer Buddhanatur nicht bewusst waren. Er hielt jedoch an seiner Ehrerbietung fest, bis sie schließlich zu ihrer eigenen höchsten Würde erwachten.

Unger: Die größte Aufgabe der Religion besteht darin, den Menschen durch Gebet, Meditation, Fasten oder Introspektion ihr Selbstwertgefühl zurückzugeben. Erkennt man aufgrund religiöser Praxis den eigenen Wert wieder, kann dies zur Grundlage für ein dauerhaftes harmonisches Zusammenleben werden.

Ikeda: Genau, denn jemand, der sich der Würde des eigenen Lebens zutiefst bewusst ist, achtet das Leben anderer und bemüht sich gemeinsam mit ihnen, Individualität zu fördern und den Weg in ein wertvolles Leben zu bahnen.

Unger: Es läuft dem Wesen der Religion zuwider, Konflikte zu schüren. Die Religionen sollten der Menschheit um eines gerechten Zusammenlebens willen den Weg zur Freiheit und Vermeidung von Bösem weisen. Religionen betrachten es als ihre Aufgabe, das Böse in der menschlichen Natur zu zügeln und – wie etwa das Christentum – die Menschen auf die Erlösung vorzubereiten. Erlösung Suchende dürfen niemals auf Gewalt zurückgreifen.

Ikeda: Wie Sie sagen, verkörpern die Weltreligionen, die als Grundpfeiler für große Zivilisationen gedient haben, im Wesentlichen die Ideale des Friedens und der Koexistenz und besitzen das große Potenzial, diese auch zu verwirklichen. Majid Tehranian (1937–2012), der ursprünglich aus Iran stammt, ist Direktor des von mir gegründeten Toda Institute for Global Peace and Policy Research [bis 2008]. In seinen Kommentaren zum islamischen Dschihad weist er auf dieses große Potenzial hin. Er führt an, dass der Begriff Dschihad im Islam zu manchen Zeiten als »Heiliger Krieg« interpretiert worden sei, jedoch der Dschihad, der sich auf bewaffnete Gewalt stütze, im engsten Sinne etwas Äußerliches sei und nur einen kleinen Teil davon ausmache. Der innere Dschihad sei als Vorgang einer spirituellen Läuterung zu verstehen, durch die das im Inneren angesiedelte Böse, wie etwa Gier und Hass, überwunden werde. Dies sei der große Dschihad. Des Weiteren führt Tehranian an, dass der Islam lehre, die Anwendung von Gewalt könne nur im Sinne einer Selbstverteidigung zulässig sein.

Unger: Toleranz ist in den abrahamitisch-christlichen Traditionen verankert und dort in hohem Maße verpflichtend. Interessanterweise sind die drei Schlüsselbegriffe der Französischen Revolution – Freiheit, Gleichheit und Brüderlichkeit – Aspekte der Toleranz. Dies bereitete der – vor allem römisch-katholischen – Kirche Schwierigkeiten, da sie nun gezwungen war, sich mit den Idealen der Revolution auseinanderzusetzen. Die auf der christlichen Tradition beruhende Toleranz und die Freiheit sind offenkundig eng miteinander verbunden.

Ikeda: Die Französische Revolution ist zwar noch nicht abschließend ausgewertet worden, doch war sie unleugbar ein großer Schritt auf die menschliche Freiheit zu. Sie meinen also, dass diese Entwicklung aus Sicht der römisch-katholischen Kirche als Manifestation der Toleranz im Sinne einer gottgegebenen Tugend betrachtet werden kann. Wir müssen den offenen Dialog zwischen den Religionen weiterhin fördern, um diese Tugend wachzurufen und zu stärken.

Religion und Macht

Unger: Der Klerus kann die Verbreitung von Toleranz behindern. Er befürchtet, dass sie seine Autorität untergräbt, und greift daher wie ein Mensch, der Angst hat, auf Drohungen zurück. Jedem, der seine Ansichten nicht teilt, droht er mit der Verdammnis.

Ikeda: Ein autoritärer Klerus ist degeneriert und hat die Errettung der Menschen als eigentliche Aufgabe der Religion aus den Augen verloren. Alle großen Religionsstifter haben ihre jeweilige Religion gegründet, um Antworten auf das Leid ihrer Zeitgenossen zu finden. Die aus ihren eigenen Ideen entwickelten Lehren und Erläuterungen zum Leben und zu den universellen Wahrheiten haben sich verbreitet und finden in den Herzen der Menschen Anklang, weil es ihren Bedürfnissen entspricht.

Haben sich jedoch erst einmal starre Gesellschaftsordnungen und Positionen etabliert, fangen manche Geistliche an, die Menschen als reines Mittel zum Schutz ihres persönlichen Vorteils und Prestiges zu nutzen und die Stimme des Volkes zu ignorieren. Wenn das große Ziel der Erlösung aller aus dem Blickfeld verschwindet, gehen jeder Wunsch nach Selbstverbesserung und jede Weisheit verloren, mittels derer die Wahrheit erkennbar wäre. Dies schwächt die Religiosität und bringt falsche, tyrannische Geistliche hervor, die weltlicher sind als die Laiengläubigen. Gegen solche falschen Geistlichen müssen wir entschlossen vorgehen, damit die Menschen nicht in Elend verfallen.

In meiner Jugend drängte der Staatsshintoismus als psychologische Stütze der Ultranationalisten die japanische Bevölkerung in einen Angriffskrieg. Wie Sie wissen, stellten sich die beiden ersten Präsidenten der Soka Gakkai Makiguchi und Toda in ihren Reden und Schriften unbeugsam gegen die damaligen Machthaber. Nach Japans Niederlage stand auch ich der Religion zwangsläufig kritisch und zutiefst misstrauisch gegenüber, war aber dennoch auf der Suche nach einer korrekten philosophischen Einstellung zum Leben. Damals begegnete ich meinem Meister im Leben, Josei Toda. Ich war 19 Jahre alt, und seine tiefe Menschlichkeit berührte mich so sehr, dass ich zum Glauben des Nichiren-Buddhismus fand, den er ausübte.

Schon nach unserer ersten Begegnung hatte ich das Gefühl, ihn jahrelang zu kennen. Mit seiner großen Aufrichtigkeit und Offenheit spornte er mich und meine Gefährten an, eine Nation mit einer friedfertigen, harmonischen Kultur zu erschaffen, ein Land, das etwas zum Wohlergehen der Menschheit würde beisteuern können. Von Toda lernte ich, dass wahre Religion dem Aufbau von Frieden, der Entwicklung der Kultur und dem Glück der einfachen Leute dient. Ich verstand plötzlich, dass sie einen Glauben, ein Handeln und eine Menschlichkeit hervorbringt, die unerschütterlich sind.

Unger: Im Einklang mit Todas Aufruf fördern Sie nun den Frieden unermüdlich durch kulturellen Austausch, der für eine friedliche Zukunft der Menschheit unverzichtbar ist.

Ikeda: Welche Gefahren eine autoritäre Religion birgt, ist mir nur allzu bewusst, ganz zu schweigen davon, auf welch furchtbare Art und Weise die Staatsgewalt die Religion als politisches Instrument einzusetzen vermag.

Der österreichische Schriftsteller Stefan Zweig (1881–1942) hat eines seiner Werke dem Theologen Sebastian Castellio (1515–1563) gewidmet, der ein Manifest der Toleranz verfasst hatte. In diesem heißt es: »[…] allezeit suchen Gewalttäter mit irgendeinem religiösen, einem weltanschaulichen Ideal ihre Gewalttaten zu verbrämen.«[10]

Unger: Ja, das ist historisch erwiesen.

Ikeda: »Gewalt erniedrigt jeden Gedanken«, wie Zweig betonte.[11] Wenn Religion sich von autoritärer Gewalt und Kriegstreiberei benutzen lässt oder gar mit ihr kooperiert, wird sie von innen heraus zersetzt. Die Obrigkeit besitzt natürlicherweise einen dämonischen Egoismus. Im Gegensatz dazu ist es das Wesen einer wahren Religion, sich für die Linderung von menschlichem Leid einzusetzen. Während Obrigkeiten die Menschen von außen unterdrücken, beherrschen und kleinmachen, weckt die Religion die Lebenskraft von innen heraus und versetzt die Menschen in die Lage, eine starke Individualität zu entfalten und großen Wert zu schaffen. Religion ist an sich eine Kunst, die dazu da ist, die egozentrische Gier der Obrigkeit zu läutern und die politische Macht auf die Interessen der einfachen Menschen auszurichten.

Unger: Richtig, die Politik sollte eine Kunst im Dienst an den Menschen sein. Schließlich leitet sich das Wort Minister aus dem Lateinischen ab und bedeutet eigentlich Diener.

Ikeda: Religion sollte eine Kraft zur Überwindung von Autoritarismus sein. Mitunter aber führt der Wunsch, sich mithilfe von Herrschaftsgewalt zu schützen oder selbst zu einer eigenständigen Macht zu werden, zu intoleranter Grausamkeit. Heuchelei seitens religiöser Autoritäten ruft tiefes Misstrauen und Verwirrung hervor, denn wie Sie schon sagten ist Religion ein wesentlicher Bestandteil der menschlichen Natur.

Die Tyrannei falscher Religionsführer, die sich hinter der Obrigkeit verstecken, ist inakzeptabel. Wir müssen uns auf friedliche Mittel wie die Redefreiheit verlassen können, um uns der Intoleranz als einer Bedrohung der Menschenwürde zu widersetzen. Das ist die Bedeutung der aktiven Toleranz, deren Geist darin besteht, Menschen zu ermutigen, stärker und weiser zu werden, damit sie sich von intoleranten Obrigkeiten nicht täuschen lassen. Genau darum geht es bei unserer Arbeit.

Unger: Ganz recht. Tolerant denkende Menschen haben den Mut, sich für den Frieden einzusetzen. Sie widerstehen Fanatismus und Rachsucht, die die Menschenwürde bedrohen. Wie ich bereits sagte, ist es ein Irrtum anzunehmen, Intoleranz sei etwas urzeitlich Starkes, während Toleranz sekundär entstanden und daher schwach sei. Toleranz und Religion sind untrennbar miteinander verbunden.

Ikeda: Vielleicht gestatten Sie mir, ein historisches Beispiel zu nennen, das Ihre Feststellung über die Untrennbarkeit von Religion und Toleranz untermauert. Einige der Intellektuellen weltweit, mit denen ich gesprochen habe, interessieren sich sehr für den antiken indischen König Ashoka und seine humanistische Politik, die auf dem buddhistischen Mitgefühl beruhte und die er für das Glück aller Menschen betrieb. Als Verfechter der Toleranz erkannte er die Glaubensfreiheit anderer an, verzichtete zudem auf Eroberungskriege und pflegte einen umfassenden friedlichen Austausch mit vielen anderen Ländern. Sein Handeln weist das ideale Verhältnis zwischen Politik und Religion auf und ist ein leuchtendes Beispiel für die Art und Weise, wie religiöse Toleranz zu florierendem Wohlstand führt. Ashoka verkörperte im politischen Bereich die Geisteshaltung Shakyamunis, die Ideale des Mitgefühls, die den Ursprung des Buddhismus bilden.

Es ist von größter Bedeutung, sich in allen Religionen stets auf den Geist und die Grundlehren ihrer Gründer zu berufen. Ashoka stellte sich allen religiösen Obrigkeiten entgegen, die den Geist Shakyamunis aufgegeben hatten und sich ihrer Verantwortung für die Erlösung der Menschen nicht mehr bewusst waren. Eines der vielen Edikte, die er auf Steine und Säulen meißeln ließ, um mit dem Volk zu kommunizieren, lautet: »Der Mönch aber oder die Nonne, die eine Spaltung dieses Mönchsordens hervorruft, soll weiße Kleider angelegt bekommen und soll angewiesen werden, sich an einem Ort aufzuhalten, der für Mönche nicht zugelassen ist.«[12]

Toda erzählte uns gern, dass die Gründer der großen Weltreligionen sicherlich viele Gemeinsamkeiten fänden, wenn sie sich in einem Raum versammeln würden. Alle diejenigen, die nach menschlicher Befreiung und Frieden strebten – darunter Jesus, Mohammed und Shakyamuni –, unterstützten die von Unheil Heimgesuchten und halfen den Leidenden, ebenso wie Nichiren, den wir verehren.

Ein Aspekt der von Nichiren begründeten Bewegung bestand in der Aufforderung an jene, die die Menschen vom Leid befreien wollten, sich auf Shakyamuni und seine Lehren, insbesondere auf das *Lotos-Sutra* zurückzubesinnen, das die Würde aller Menschen lehrt und sie zu dieser Wahrheit erwachen lässt. Nichiren kämpfte darum, zum Ausgangspunkt der Religion zurückzukehren, der darin liegt, die Menschen von ihrem Leid zu befreien und ihnen zu wahrem Glück zu verhelfen.

In Einklang mit der wissenschaftlichen Denkweise

Unger: Als Wissenschaftler halte ich Toleranz für die Grundvoraussetzung allen Zusammenlebens. Die Religionen bilden eine Wissenschaft für sich. Sie entwickeln Theologien, um die Gläubigen auf ihrer Suche nach Gott anzuleiten, und setzen so neue Impulse.

Ikeda: Religion bedeutet weises Streben nach der Wahrheit des Lebens und des Universums, eine existenzielle Suche nach Wegen zur Verwirklichung menschlichen Glücks. Mithilfe der Ergebnisse ihres Strebens haben alle Religionen und Konfessionen Lehrsysteme in Form von Theologien und Doktrinen entwickelt. Auf der Grundlage ihrer persönlichen religiösen Erfahrungen entwickeln Religionsstifter und Gläubige in sich schlüssige, aufeinander abgestimmte theoretische Systeme. In diesem Sinne verkörpern die Religionen die von der modernen Wissenschaft geforderte empirische Logik.

Makiguchi war Pädagoge. Sein Wunsch, dass alle Kinder glücklich sein mögen, inspirierte ihn dazu, die Werte zu bestimmen, die sie im Leben verwirklichen sollten, und diesbezüglich eine eigenständige Theorie zu entwickeln. Im Laufe dieses Unterfangens lernte er den Nichiren-Buddhismus kennen und war so angetan von den dort vertretenen Ideen über die Würde des Menschen und die Möglichkeit, das wirkliche Leben und die Gesellschaft zu reformieren, dass er diesen Glauben annahm. Dies war der Ursprung der Soka Gakkai, einer auf dem Nichiren-Buddhismus gründenden Bewegung für Frieden, Kultur und Erziehung.

Als moderner Mensch nahm Makiguchi sich vor, die universelle Gültigkeit des Nichiren-Buddhismus mittels wissenschaftlicher Methoden zu beweisen, die auch die empirische Praxis und Überprüfung umfassten. Sein Ansatz war eine modernisierte Version jener Methode, die Nichiren selbst für einen Vergleich der Religionen und Philosophien genutzt hatte: der dokumentarische, theoretische und tatsächliche Beweis. Wie ich bereits erwähnte, ist der Buddhismus und vor allem der Nichiren-Buddhismus rational und empirisch im Sinne der modernen Wissenschaft.

Unger: Das ist faszinierend.

Ikeda: Wenn eine Religion als Grundlage für die Zivilisation des 21. Jahrhundert dienen will, muss sie nicht nur mit dem rationalen wissenschaftlichen Denken harmonieren, sondern dieses auch anleiten.

Meiner Meinung nach umfasst der Buddhismus Ideen, die mit den zeitgenössischen Beobachtungen in den Sozialwissenschaften und Geisteswissenschaften übereinstimmen. Meine Dialoge mit Intellektuellen weltweit haben mich in dieser Überzeugung bestärkt.

Auf jeden Fall müssen sich die Religionen im 21. Jahrhundert mit der Frage auseinandersetzen, wie der Mensch auf der Grundlage einer klaren Sichtweise auf die Welt, die Gesellschaft und die Natur so menschlich wie möglich leben kann.

Unger: Für mich ist die wichtigste Frage im Leben, woher wir kommen und in welche Richtung wir gehen sollten. Die Religionen, die Philosophien und die Künste haben jede auf ihre Art nach Antworten auf diese Frage gesucht. Trotzdem werden bis heute dieselben Fragen gestellt und unterschiedliche Antworten darauf gegeben. Manche davon finde ich unzuverlässig, nicht überzeugend oder sogar gänzlich falsch.

Wenn es um das Thema Toleranz geht, bedarf es einer großen Klarheit. Solange ich eine Antwort nicht nach ihrem Wert beurteilt habe, kann ich auch nicht sagen, dass ich sie geprüft habe. Ein Werturteil ist aber etwas anderes als eine Kritik. Darüber sollten wir uns im Klaren sein.

Ikeda: Je heikler das Thema, desto dringender brauchen wir den offenen Dialog. Was halten Sie von der Behauptung, ab dem 17. Jahrhundert seien die etablierten Religionen in Europa mit der Abkehr vom Religiösen und dem Aufkommen des Rationalismus in den Hintergrund getreten und durch den wissenschaftlichen Rationalismus ersetzt worden, der wiederum eine neue Art von Religion bildete?

Unger: In den letzten 200 Jahren sind das Mathematische und das Rationale mit Sicherheit überbewertet worden. Die vorherrschende Weltsicht ist exzentrisch, unreguliert und in abnormem Ausmaß auf das Rationale und Theoretische ausgerichtet. Diese verzerrte Weltsicht ist synonym mit der übermäßigen Gewichtung des Geldes. Auch in der Medizin sind die Regulierungen zu sehr gelockert worden. In den medizinischen Fakultäten wird der Mensch zum reinen Objekt degradiert. Der Patient wird nur als potenzieller Zahler der Krankenversicherung betrachtet.

Wir müssen uns endlich klarmachen, dass die Wissenschaft kein Gottesersatz ist und dies auch nicht sein kann. Die ausschließliche Konzentration auf die Vernunft hat die Beziehungen nicht nur zwischen Mensch und Natur verändert, sondern auch zwischen den Menschen untereinander und zwischen dem Menschen und dem Spirituellen. Wir sind aus der anthropozentrischen Harmonie herausgefallen. Immer mehr Menschen sind verwirrt, weil sie erkennen, dass es im Himmel und auf Erden vieles gibt, was nicht messbar ist. Wie alle anderen Weltanschauungen und Kulturen muss sich auch die neue globale Kultur auf Menschen stützen, die einen Glauben ausüben. Auch wenn Religion unterschiedlich interpretiert wird, ist sie die Quelle aller Kultur. Deshalb ist der wirklich gehaltvolle interreligiöse Dialog so wichtig.

Ikeda: Aus dieser Sicht muss der interreligiöse Dialog den Kern des Dialogs zwischen Zivilisationen bilden.

Unger: Wie wahr. In unserer heutigen, extrem säkularisierten Zeit kann jeder dank der grenzenlosen Freiheit des Pluralismus völlig frei seinen Neigungen entsprechend handeln, solange er nicht gegen das Gesetz verstößt. Zweifellos trägt der Mensch dadurch in hohem Maße zur Ausbeutung und Zerstörung unseres Planeten bei. Diese Entwicklungen gehen mit einer Toleranz einher, die politisch korrekt, aber bloße Formsache und offensichtlich unzureichend ist. In der heute so geschändeten Welt geht es um eine Toleranz mit innerem Gehalt.

Ikeda: Da bin ich ganz Ihrer Meinung. Eine rein formale Toleranz, die dem Egoismus aller freien Lauf lässt, egal, auf welcher Seite sie stehen, ist unstatthaft. Wahre Toleranz entsteht aus der Überwindung der räuberischen Gier des Menschen. Dafür hat sich die Religion seit der Antike eingesetzt.

Wenn Toleranz sich darauf beschränkt, bei den anderen allein deren Existenz anzuerkennen, ist sie im Wesentlichen passiv. Aktive Toleranz versetzt uns in die Lage, eine reichhaltigere Menschlichkeit hervorzubringen, indem wir die Existenz anderer respektieren, uns daran freuen und daraus lernen. Es ist eine Toleranz mit innerem Gehalt, wie Sie sagen. Passive Toleranz ist reine Formsache. Was auch immer Toleranz genannt wird, muss unter dem Gesichtspunkt untersucht werden, ob ihre Ausübung die Menschen mitfühlender und glücklicher macht.

Unger: Für den Erhalt der Welt müssen die Menschen mit dem ihnen eigenen essenziellen Wesen ins Reine kommen. Da dies auf individueller Ebene anfangen muss, gilt es, drei moralische Grundhaltungen zu wahren: die Menschenwürde, die menschliche Entwicklung und den Schutz des Menschen, also den Schutz des Lebens. Für Letzteres ist der Wert des Lebens als wesentliche Voraussetzung eingehend zu berücksichtigen. Der interreligiöse Dialog lässt sich nutzen, um grundlegende Strategien für diesen Bereich und für den Schutz von Menschheit und Gesellschaft auszuarbeiten und globale Werte zu schaffen, die über alle religiösen Unterschiede hinausgehen.

Ikeda: In der Tat gehört der interreligiöse Dialog zu den drängendsten Notwendigkeiten unserer Zeit. Eine Toleranz mit innerem Gehalt spornt zum offenen Dialog und gegenseitigen Lernen an. Dagegen sind Verschlossenheit und das bloße Ertragen eines heterogenen Anderen Zeichen für eine rein formale Toleranz.

Die Kette von Gewalt und Hass aufbrechen

Unger: Realistischerweise haben wir es ja immer mit Intoleranz zu tun, darüber sind wir uns einig. Über Aggression und Intoleranz als natürliche Eigenschaften des Menschen ließe sich ewig diskutieren. In Europa ist man stets davon ausgegangen, dass der Mensch von Natur aus gut sei und nur die Gesellschaft ihn aggressiv mache. Zur Untermauerung dieser Theorie hat man vorgeblich friedliche Naturvölker herangezogen. Doch inzwischen ist die Mehrheit der Ethnologen anderer Meinung. Auch indigene Völker können aggressiv sein. Toleranz muss man genauso kultivieren wie andere Kulturtechniken, Tischmanieren etwa oder Höflichkeit. Es ist nur eine Frage der Erziehung.

Natürlich gibt es auch noch den Zufall. Erziehung kann nur dann gelingen, wenn die Eltern mit gutem Beispiel vorangehen. Jeder weiß, wie schwer ein vorbildliches Eheleben ist. Wenn Kinder ihren Eltern dabei zuschauen, wie diese versuchen, tugendhaft zu sein, werden sie es ihnen später gleichtun wollen.

Ikeda: Wir stimmen darin überein, dass erst Erziehung den Menschen zum Menschen macht. Entscheidend ist jedoch die Art der Erziehung: Führt sie zu einer Kultur der Gewalt oder des Friedens? Aggression und Gewalt sind zwar tief im Leben des Menschen verwurzelt, aber sie bilden nicht notwendigerweise den wahren Kern unseres Seins. Der Mensch besitzt von Natur aus die Veranlagung, Gewalt und Aggression zu unterdrücken, zu kontrollieren und zu sublimieren.

Der Buddhismus hat in seiner tiefgründigen Untersuchung des menschlichen Lebens sowohl das grundlegende Gute in Form der Buddhanatur als auch das grundlegende Böse in Form von Ignoranz entdeckt, die sich in ständigem Konflikt zueinander befinden. Diese Beobachtung zeigt, dass der Mensch sich des eigenen Gewaltpotenzials bewusst sein und stets danach streben muss, es zu kontrollieren. Ebenso müssen wir immer versuchen, Toleranz zu wecken und der Tendenz zur Intoleranz entgegenzuwirken. Jede Laxheit im unaufhörlichen spirituellen Ringen kann dazu führen, dass die barbarische, intolerante Gewalt die Oberhand gewinnt. Dies gilt sowohl auf der individuellen Ebene wie auch in Bezug auf ganze Zivilisationen.

Wer Gewalt mit Gewalt bekämpft, lässt sich auf das Niveau des gewalttätigen Gegners herab und schließt psychologisch einen Bund mit ihm. Dieses irrige Mittel ist auch dann nicht zu rechtfertigen, wenn es einem gerechten Ziel dient. Ein hehres Ziel erfordert ebenso hehre Mittel. Gewalt bedroht die Würde des Lebens. Ihr muss mit Gewaltlosigkeit begegnet werden, die diese Würde rigoros schützt.

Unger: Toleranz lässt sich nicht messen, sie enthält etwas Unvorhersehbares. Es ist aber vorhersehbar, wie ein Mensch auf eine Person reagiert, die ihm Schmerzen zufügt. Dies setzt, wie man heute im Nahen Osten sehen kann, eine eskalierende Kettenreaktion gewalttätiger Gegenreaktionen in Gang. Die Kreativität einer toleranten Reaktion dagegen durchbricht diesen vorhersehbaren Teufelskreis.

Ikeda: Das ist ein sehr wichtiger Punkt. Um auf dem Kurs eines anhaltenden Friedens bleiben zu können, muss sich das Schiff der

Menschheitsgeschichte eine besonders starke Strömung zunutze machen: den unsichtbaren, aber mächtigen Fluss der Transformation des menschlichen Geistes. Solange sich das Denken der Menschen nicht verändert, können wir selbst von den bestausgearbeiteten Verträgen und Strukturen nicht erwarten, dass sie zu den gewünschten Ergebnissen führen.

Unger: Meine Erfahrung mit interreligiösen Dialogen hat gezeigt, dass Charisma produktiver ist als bloße Worte. Wörter wie Tugend bedeuten für jeden etwas anderes. Die Begriffe selbst sind nicht so wichtig. Was zählt, ist das tatsächliche Verhalten eines tugendhaften Menschen. Toleranz lässt sich nicht systematisieren, denn sie äußert sich auf individuelle, intime Weise. Sie ist stets eine persönliche Sache.

Ikeda: Auf jeden Fall ist es wichtiger, Toleranz tatsächlich zu leben, als nur darüber zu reden. Um ihr Substanz zu verleihen, ist zudem eine Revolution der ihr zugrunde liegenden menschlichen Geisteshaltung unverzichtbar. Diskussionen über Freiheit, Gleichheit und Toleranz begnügen sich gern mit rein konventionellen Systemuntersuchungen. Ohne einen Wandel in der grundlegenden Geisteshaltung der Gesellschaft werden formale Lösungen häufig auf eine bloße Form von Zwang hinauslaufen. Dies wiederum würde nur weitere soziale Spannungen und Intoleranz nach sich ziehen.

Auch der totalitäre Staat im 20. Jahrhundert, eine Verkörperung der Intoleranz, war das tragische Ergebnis von äußeren Revolutionen. C. G. Jung wird die Überlegung zugeschrieben, dass wir wüssten, wo wir anfangen müssten, wenn es nur ein weltweites Bewusstsein dafür gäbe, dass Stückelung und Teilung nur einer Spaltung der Psyche zu verdanken seien.[13] Ausgestattet mit diesem allgemeinen Bewusstsein, können wir herausfinden, an welcher Stelle wir das Problem anpacken müssen. Ich bin überzeugt, dass wir mit einer inneren Revolution beginnen müssen.

Bilder von Freiheit und Verantwortung

Ikeda: Die buddhistische Kernlehre vom Bedingten Entstehen besagt, dass alles Menschliche und Nichtmenschliche voneinander abhängig ist und nichts isoliert existiert. Dies wiederum heißt, dass nichts auf der Welt ohne Beziehung zum Selbst ist. Jedes eigene Handeln steht in enger Verbindung mit der kreativen Dynamik des Kosmos. Auch in Zusammenhang mit der Toleranz müssen wir nach einer Veränderung unseres Innenlebens streben, um ein Bewusstsein für diese wechselseitige Abhängigkeit und ein Verantwortungsgefühl für andere zu wickeln.

Unger: Wie wahr. Aus dem Bewusstsein der wechselseitigen Abhängigkeit entsteht Verantwortungsgefühl. Vielleicht betonen wir beim Thema Toleranz tendenziell den Aspekt der Freiheit zu sehr. Ende des 19. Jahrhunderts wurde die Freiheitsstatue in New York errichtet, um Einwanderern deutlich zu machen, dass sie an einem Ort der Freiheit angelangt waren. Ich erinnere mich noch lebhaft an eine Rede des österreichischen Neurologen und Psychologen Viktor Frankl (1905–1997), die er 1964 an der Universität Wien hielt. Er sagte damals, Verantwortung sei wichtiger und verdiene größere Aufmerksamkeit, und plädierte dafür, an der Westküste der Vereinigten Staaten eine Verantwortungsstatue zu errichten.

Ikeda: Ein Verantwortungsgefühl für andere und für die Gesellschaft muss von innen heraus geweckt werden. Der englische Begriff »responsibility« enthält das Verb »respond«, also die Fähigkeit, auf etwas zu antworten. Wenn Menschen unter intoleranter Unterdrückung leiden, wollen sie mehr als Freiheit oder eine Vorzugsbehandlung. Sie möchten, dass die Gesellschaft sie respektiert, wertschätzt und anerkennt. Als Mitglieder der Gesellschaft, die die Fähigkeit haben, Antworten zu geben, fordern sie Solidarität. Eine solche Verantwortung ist der Beweis wahrer Freiheit. Die einzige Möglichkeit, Toleranz zu verwirklichen, besteht darin, die Anzahl der Menschen zu erhöhen, die ein solches Verantwortungsgefühl hegen, und eine globale Solidarität zu erschaffen.

Unger: In Zusammenhang mit dem Thema Verantwortung haben mich die Worte von Kardinal Franz König (1905–2004) in der Abschlussrede einer Tagung der Europäischen Akademie der Wissenschaften und Künste und der National Academy of Medicine in Washington, D.C. tief beeindruckt. Er betonte, Forscher müssten ihre Arbeit ehrlich machen, und sie sollten, egal, welche Materialien sie verwendeten, unbedingt der Stimme ihres Gewissens folgen. Ich würde es so formulieren: Ist Verantwortung nicht gleichbedeutend mit der Stimme des Gewissens, die uns den Weg weist?

Ikeda: Toleranz bedeutet, dass wir auf unsere innere Stimme oder unser Gewissen hören. Es ist ein Dialog mit anderen ebenso wie mit sich selbst, eine unablässige Selbstbefragung nach eventuellen Vorurteilen oder Eigeninteressen. Viktor Frankl hat gesagt, die Stimme des Gewissens sei die Stimme eines transzendenten Wesens, die Stimme Gottes. Doch lassen Sie uns nun nach der Toleranz die religiöse Bedeutung von Liebe und Mitgefühl untersuchen.

Kapitel 2

Buddhistisches Mitgefühl und christliche Liebe

Ikeda: Der Buddhismus lässt sich als Religion der Weisheit und des Mitgefühls beschreiben. Er ist durch eine kosmische Weisheit charakterisiert, die auf der Erleuchtung Shakyamunis zum grundlegenden Gesetz oder zur Wahrheit des Universums beruht, sowie durch das kosmische Mitgefühl, das eins ist mit ebendieser Weisheit. Das buddhistische Konzept des Mitgefühls enthält zwei Aspekte: den Wunsch, mit anderen in Freundschaft zu leben (Sanskrit *maitrī*), sowie den Wunsch, das Leid der anderen anzunehmen, als wäre es das eigene (Sanskrit *karuṇa*). Daher bedeutet Mitgefühl ursprünglich höchste Freundschaft ohne jegliche Diskriminierung. Auf der Basis dieser grundlegenden Bedeutungen hat der Mahayana-Buddhismus Mitgefühl als »Freude geben und Leid nehmen« interpretiert.

Nichiren stellte diese beiden Aspekte des Mitgefühls dar als die Liebe eines Vaters, der als Vorbild dient, und die Liebe einer Mutter, die warm umarmend ist. Als Vorbild ermutigt der Vater seine Kinder, sich anderen gegenüber richtig zu verhalten. Um es mit den Worten des chinesischen Buddhisten Zhang'an (561–632) wiederzugeben: »Wenn man mit jemand anderem Freundschaft schließt, aber nicht die Barmherzigkeit hat, ihn zu korrigieren, dann ist man in Wirklichkeit sein Feind.«[14] Nichiren ermutigte die Menschen, sich rigoros gegen das Böse anderer zu verwahren.

Der umarmende mütterliche Aspekt des Mitgefühls nimmt auf der anderen Seite jeden Menschen genau so an, wie er ist, und teilt seine Freuden und Sorgen. Mitgefühl manifestiert sich also in der

Balance zwischen beiden Aspekten in einer Ausübung, die nach einer Weiterentwicklung des Selbst und des anderen zugleich strebt.

Was bedeuten für Sie christliche Liebe und Barmherzigkeit?

Unger: Die christlichen Konfessionen konzentrieren sich in ihrer Lehre auf die Barmherzigkeit, ein ethisches Konzept, das im Christentum wie auch im Buddhismus eine zentrale Bedeutung einnimmt. Barmherzigkeit bedeutet, dass man sich in den anderen hineinversetzt, Anteilnahme zeigt und Hilfe anbietet. Meiner Ansicht nach sind Barmherzigkeit und Toleranz zwei recht verschiedene Dinge. Die Barmherzigkeit spielt sich auf einer ganz anderen Ebene ab und erfordert eine andere Tugend, nämlich die der Nächstenliebe.

Und wo ist nun der Zusammenhang, wenn es sich um unterschiedliche Tugenden handelt?

Stellen Sie sich vor, jemand hat einer anderen Person Schmerz zugefügt. Die leidende Person ruft in mir den Wunsch hervor, barmherzig zu sein; ich möchte ihr helfen. Daneben möchte ich, dass die leidverursachende Person ihr Opfer in Ruhe lässt. Doch kann es ja sein, dass der Übeltäter selbst Gründe für sein Verhalten hat. Vielleicht hat ihn sein Opfer vorher beleidigt. In diesem Fall muss ich an seine Toleranz appellieren. Doch kann sich der Konflikt nur dann lösen, wenn ich auch an die Toleranz des Opfers appelliere. Sonst wird der Streit kein Ende nehmen.

Barmherzigkeit hat mit dem Schutz der Toleranz zu tun, die die Bereitschaft zur Vergebung wecken kann. Sie inspiriert mich zu einem Handeln, das nur erfolgreich sein kann, wenn sich die Beteiligten auf beiden Seiten aktiv um eine Lösung des Konflikts bemühen. Beide müssen sich der schwierigen Aufgabe des Vergebens stellen. Ein Erfolg stellt sich nicht von selbst ein.

Wie viel Bedeutung das Christentum der Vergebung beimisst, zeigt das Vaterunser: »Und vergib uns unsere Schuld, wie auch wir vergeben unseren Schuldigern.«

Ikeda: Sie setzen Barmherzigkeit und Toleranz auf zwei verschiedenen Ebenen an. Barmherzigkeit gehört demnach auf die Ebene der menschlichen Anteilnahme, während Toleranz Teil der von Gott abgeleiteten Tugend der Liebe ist.

Unger: Genau. Meine Erfahrungen mit dem interreligiösen Dialog haben mich überzeugt, dass Toleranz brauchbare Werte hervorbringt. Alles Tun sollte dazu dienen, Gutes zu schützen und Böses zu vermeiden. Die Menschen sollten nicht geizig, neidisch oder arrogant sein. Charismatische Tugenden wie Glaube, Liebe und Hoffnung stehen auf positive Weise für diese Haltung. Daher sehe ich Toleranz vor allem als eine Tugend des Miteinanders. Auf jeder Werteskala ist das Hauptthema die Abwehr von Bösem. Und die höchste charismatische Tugend ist die Liebe.

Natürlich ist Weisheit wichtig, um Dinge einschätzen und abwägen zu können. So wird zum Beispiel ein Richter, der neben großer Erfahrung auch Weisheit besitzt, angesichts geringfügiger Vergehen Milde walten lassen und sich vielleicht mit einer Ermahnung begnügen, wo ein anderer die volle Härte des Gesetzes zur Anwendung bringen würde.

Woraus entsteht Weisheit? Ist sie erlernbar? Mit Sicherheit, denn sie erwächst nicht nur aus der eigenen Lebenserfahrung. Von charismatischen Lehrern kann sie auch gelehrt werden. Selbst die besten Schulen und Institutionen können charismatische Weisheit weder garantieren noch erzwingen. Sie ist stets an den Einzelnen gebunden. Organisationen können die Arbeit weiser Lehrkräfte belohnen – und mitunter auch behindern –, bleiben aber dennoch nur ein Gefäß, das zwar mit Weisheit angefüllt sein mag, sie aber nicht generieren kann.

Ikeda: Weisheit wird gewiss im persönlichen Austausch zwischen Lehrer und Schüler weitergegeben. Vorhin nannte ich den Buddhismus eine Religion der Weisheit und des Mitgefühls. Aus buddhistischer Sicht ist mit dem, was Sie Barmherzigkeit nennen, das Wirken des kosmologischen Mitgefühls gemeint, das sich in zwischenmenschlichen Beziehungen zeigt. Sie haben die Toleranz in Zusammenhang mit der christlichen Tugendlehre erklärt. Ich würde die Toleranz nun gern aus buddhistischer Sicht interpretieren und die Beziehung zwischen buddhistischer Weisheit, buddhistischem Mitgefühl und Toleranz betrachten.

Während das Christentum auf dem Glauben an einen allmächtigen Schöpfergott beruht, gründet sich der Buddhismus auf das grundlegende Gesetz des Universums, zu dem Shakyamuni erwacht war. Das *Lotos-Sutra* lehrt, dass das Gesetz, zu dem er erleuchtet war, die Zeit übersteigt und im ewigen Buddha personifiziert ist. Das Gesetz und der Buddha sind eins und untrennbar. Sie offenbaren, dass das kosmische Leben ewig ist und weder Anfang noch Ende hat. Der ewige Buddha ist mit drei Arten von Körpern oder Tugenden ausgestattet: dem Dharmakörper, dem Belohnungskörper und dem Manifesten Körper. Der Dharmakörper ist das ewige grundlegende Gesetz oder die Wahrheit des Universums. Der Belohnungskörper ist die kosmische Weisheit, die dieser Wahrheit innewohnt und Ausdruck dieser Wahrheit ist. Der Manifeste Körper ist das kosmische Mitgefühl zur Errettung aller Lebewesen. Anders ausgedrückt, charakterisiert das *Lotos-Sutra* die Lebenskraft des Universums als die drei Tugenden Wahrheit, Weisheit und Mitgefühl.

Wenn ein Mensch diese kosmischen Tugenden in seinem Leben manifestiert, wird er als »Gesandter des So Gekommenen (ein Name für den Buddha)« bezeichnet. Im *Lotos-Sutra* findet sich folgende Passage:

> Wenn nach meinem Verlöschen diese guten Männer, diese guten Frauen im Verborgenen auch nur einem Menschen das *Lotos-Sutra* darzulegen vermögen – und sei es nur einen Satz daraus –, dann sollst du wissen, dass diese Gesandte des So Gekommen sind, die das Werk des So Gekommenen verrichten.[15]

Diese Gesandten des So Gekommenen teilen seinen Eifer, die Lebewesen von ihrem Leid zu befreien, und handeln in seinem Namen. Sie werden auch Lehrer des Gesetzes oder Bodhisattvas aus der Erde genannt (wie im *Lotos-Sutra* beschrieben sind es Bodhisattvas, die aus der Erde hervorkommen).

Aus buddhistischer Sicht ist die Toleranz eine Manifestation des immerwährenden Mitgefühls, das im ewigen kosmischen Leben enthalten ist und das der ewige Buddha besitzt. Konkreter gefasst, ist sie die Tugend, die in der Arbeit der Lehrer des Gesetzes und der Bodhisattvas aus der Erde zum Ausdruck kommt. Sie ist das, was Sie als Tugend des Miteinanders bezeichnen. Da im Buddhismus Weisheit und Mitgefühl eins sind, ist natürlich die buddhistische Toleranz auch eins mit der Weisheit, die mit der kosmischen Kraft des Lebens einhergeht.

Unger: Und wie interpretiert der Buddhismus die Vergebung?

Ikeda: Auch die Vergebung wird als Ausdruck des Mitgefühls interpretiert, das der ewigen Buddhanatur innewohnt. In Zusammenhang mit der Vergebung denke ich an die Maßnahmen, die Ceylon (heute Sri Lanka) nach dem Ende des Zweiten Weltkriegs ergriff. Auf der Friedenskonferenz 1951 in San Francisco verzichtete das Land gegenüber Japan auf sämtliche Reparationsansprüche.

Die Vertreter Ceylons erklärten, sie hätten zwar das Recht, Reparationen zu verlangen, würden es aber nicht tun, weil sie an die Worte des Buddha glaubten, dessen Lehre das Leben zahlloser Menschen veredelt habe: »Denn Hass wird nicht durch Hass besiegt: Hass wird durch Liebe besiegt. Dies ist ein ewiges Gesetz.«[16] Dieser Auszug aus dem *Dhammapada* (Pfad der Vollkommenheit) drückt die Vergebung und die aktive Toleranz, die auf der kosmischen Tugend des großen Mitgefühls beruht, auf positive Weise aus.

Unger: Für mich als Christen steht hinter der gegenseitigen Toleranz zwischen Menschen mit unterschiedlichem religiösem Hintergrund das Wirken der göttlichen Tugend der Liebe.

Ikeda: Im Gegensatz zu dem Guten, das Toleranz und Miteinander fördert, sorgt das Böse für Spaltung, einen pathologischen Zustand, in dem die Menschen die Augen vor ihren Gemeinsamkeiten verschließen und sich nur noch auf das fixieren, was sie unterscheidet.

Dies kann über die persönliche Ebene hinaus zum Kern eines Gruppenegoismus werden, der sich in Form von exklusivistischem, destruktivem Rassismus und Nationalismus äußert. Wer danach strebt, das kleine Selbst zu überwinden und zum größeren, universellen Selbst zu erwachen, indem er das höchste Gute weckt, das ihm selbst und auch anderen innewohnt, wird im Buddhismus als Bodhisattva bezeichnet. Bodhisattvas setzen die aktive Toleranz des Buddhismus in die Tat um.

Unger: So wie Sie es tun.

Geburt, Alter, Krankheit und Tod

Unger: Für mich ist Religion der Kern des Menschseins. Wie komme ich als Arzt in unserer heutigen Zeit zu diesem Schluss? Wenden sich nicht gerade immer mehr Menschen von den großen Kirchen ab? Und ist das nicht auch nachvollziehbar? Die Antwort auf beide Fragen lautet sicherlich ja. Andererseits erlebe ich in meiner täglichen Praxis, dass sich viele Patienten gerade in Krisenzeiten auf ihren religiösen Glauben besinnen.

Ikeda: Das ist eine wichtige Beobachtung. Wenn Menschen an einer Krankheit leiden, bringt sie das dazu, sich mit ihrer eigenen Sterblichkeit auseinanderzusetzen; es regt sie dazu an, ihr Leben von Grund auf zu überdenken. Befasst man sich ernsthaft mit der Frage von Leben und Tod, entsteht das Bedürfnis nach einer soliden Philosophie und Religion. Nichiren lehrt: »Krankheit erzeugt die Entschlossenheit, den Weg [die Erleuchtung] zu erlangen.«[17] Außerdem schreibt er: »Bevor ich mich anderen Dingen zuwende, sollte ich erst einmal etwas über den Tod lernen.«[18]

In Japan misst man dem Aussehen eines Toten große Bedeutung bei. Manche Menschen sterben mit einem wunderbaren, sanften Gesichtsausdruck. Dies gilt als Beweis, dass sie ein wertvolles, erfülltes Leben geführt haben. Andere sterben vielleicht mit einem ganz anderen Gesichtsausdruck. Wie empfinden Sie als Arzt diese große Gewichtung des letzten Erscheinungsbildes eines Menschen?

Unger: Wie Sie sagen, stirbt jeder Mensch mit einem unterschiedlichen Gesichtsausdruck. Wer ein erfülltes und glückliches Leben gelebt hat und es in Zuversicht und innerer Ruhe abschließt, stirbt sozusagen in einem guten Lebenszustand. Geht man von einer Reinkarnation aus, werden solche Menschen in einem guten Zustand wiedergeboren. Untersuchungen haben gezeigt, dass Menschen, deren Gesichtsausdruck im Tod verzerrt ist oder Furcht zeigt, mit ungelösten Problemen gestorben sind. Vielleicht hatten sie nicht genügend Selbstvertrauen oder konnten sich im Leben nicht verwirklichen.

Ikeda: Der Buddhismus stellt die unweigerlichen Tatsachen von Geburt, Alter, Krankheit und Tod als Lehre von den vier Leiden dar. Weder medizinischer Fortschritt noch eine Anhäufung von materiellem Reichtum vermögen die Probleme zu lösen, vor die sie uns stellen. Das grundlegende Thema unserer Existenz besteht darin, diese Leiden so zu überwinden, dass wir die Strahlkraft des Lebens auf ein Höchstmaß bringen können.

Die Geschichte von den vier Begegnungen des Prinzen Siddharta, des jungen Shakyamuni, vor dem Palast seines Vaters ist eine Metapher dafür, wie er sich der vier Leiden bewusst wurde. Es heißt, er habe den Palast durch das Osttor verlassen und sei dort einem alten Mann begegnet. An einem anderen Tag habe er vor dem Südtor einen Kranken angetroffen. Als er den Palast an einem wieder anderen Tag durch das Westtor verlassen habe, sei er auf einen Leichnam gestoßen. Bei einer vierten Gelegenheit sei er durch das Nordtor gegangen und dort einem Asketen begegnet. Diese vier Begegnungen brachten Shakyamuni dazu, das weltliche Leben aufzugeben, um sich auf eine religiöse Suche zu begeben.

Im Wesentlichen sind Religionen dazu da, Menschen in die Lage zu versetzen, sich mit der Wirklichkeit des Lebens in Form von Geburt, Alter, Krankheit und Tod auseinanderzusetzen, damit sie sich auf die Suche nach dem wahren Glück begeben können. In diesem Sinne sind alle Menschen von Natur aus religiös. Religion ist der »Kern des Menschseins«, wie Sie es ausgedrückt haben. Wendet man sich von den vier Leiden ab und verliert die religiöse Weisheit aus dem Blick, mit der sich die Wahrheit des Lebens erforschen lässt, leistet man der Tendenz Vorschub, das Leben nicht genügend wertzuschätzen.

Unger: Sie haben recht. Möglichkeiten wie Abtreibung und Genmanipulation verwischen heutzutage die klaren Grenzen vom Anfang und Ende des menschlichen Lebens. Dies wiederum erleichtert es der Wissenschaft, das Leben zu benutzen. Die Zeichen unserer Zeit machen es zwingend erforderlich, den interreligiösen Dialog zu führen, um eine Kultur der Achtung vor dem Leben aufzubauen. Einerseits wird unsere Welt von utilitaristischen Werten beherrscht, etwa dem beständigen technologischen Fortschritt. Andererseits stehen wir am Beginn eines Zeitalters, in dem Werte in den Vordergrund rücken, die in utilitaristischer Hinsicht nicht messbar sind. Tiefe religiöse Erfahrungen gewinnen zunehmend an Bedeutung, wenn es darum geht, den Sinn des Lebens zu verstehen.

Ikeda: Da gebe ich Ihnen vollkommen recht. Die Auseinandersetzung mit den vier Leiden lehrt uns, wie wir unser Verständnis für den Sinn des Lebens vertiefen können, und das Hochhalten der Würde des Lebens lässt unsere Existenz klarer aufstrahlen. Dies ist die wesentliche Aufgabe der Religion. Goethe, der selbst eine schwere Krankheit besiegte, schrieb in seinem Werk *Hermann und Dorothea*: »Des Todes rührendes Bild steht nicht als Schrecken dem Weisen und nicht als Ende dem Frommen. Jenen drängt es ins Leben zurück und lehret ihn handeln; diesem stärkt es, zu künftigem Heil, im Trübsal die Hoffnung; beiden wird zum Leben der Tod!«[19]

Unger: Das ist eine sehr bezeichnende Passage.

Ikeda: In einem ähnlichen Zusammenhang befasste sich die Internationale Konferenz für Palliativbehandlungen, die im November 2004 vom Päpstlichen Rat für Gesundheit, Seelsorge und Intervention veranstaltet wurde, mit der Bedeutung der Linderung tatsächlichen physischen Leidens bei Patienten mit unheilbaren Erkrankungen ebenso wie des Leidens, das letztlich durch den Tod verursacht wird.

Ein mir bekannter Arzt erzählte mir von unheilbar kranken Krebspatienten, die trotz ihres eigenen Leidens Freunden und anderen helfen und ihnen Mut zusprechen. Seiner Aussage nach sind solche Menschen im Angesicht von Krankheit und Tod stark. Im Gegensatz dazu erweisen sich Menschen, die sich ihr Leben lang nur um ihre eigenen egoistischen Bedürfnisse gekümmert haben, angesichts einer Krise als schwach. Stärke findet sich dort, wo ein Leben in aufrichtiger Solidarität mit anderen gelebt wird, wo man alles zum Wohle anderer tut.

Im Mahayana-Buddhismus wird Mitgefühl als Ausübung gelehrt, Leiden zu nehmen und Freude zu geben. Diese Ausübung führt nicht nur zum Dienst an anderen, sondern bringt auch in uns selbst eine immense Lebenskraft hervor. Gehen wir unbeirrt den Weg eines Bodhisattva, werden schöpferische Energien in uns hervorgerufen, die die vier Leiden von Geburt, Alter, Krankheit und Tod in Freude verwandeln. Deshalb schrieb Nichiren, dass »wir die Aspekte von Geburt, Alter, Krankheit und Tod nutzen [können], um die Stupas zu schmücken, die unsere Körper sind«.[20] Er führte die im Mahayana-Buddhismus ausgearbeitete Sichtweise von Leben und Tod ein, der zufolge es möglich sei, im Tod wie im Leben Freude und Gelassenheit zu finden.

Unger: Auch die christliche Liebe als höchste Tugend ist eine Quelle stärkster positiver Energie. Liebe schafft vollkommene Energie in unserem Leben. Aus diesem Grund predigte Jesus Christus so unablässig die Liebe.

Die Religion heilt das Individuum und die Gesellschaft

Unger: Heutzutage gibt es an allen Ecken und Enden Verwerfungen. Deshalb müssen wir alles so umgestalten, dass es der Menschheit zum Vorteil gereicht. Wenn die Wissenschaft die grundlegende Notwendigkeit aus den Augen verliert, ebendiese Umgestaltung zu fördern, kann sie zur Anmaßung werden. Dasselbe gilt für die Religion. Werden beide dagegen als Mittel genutzt, um dem Wohl der Menschheit und dem Leben zu dienen, dann werden Wissenschaft und Religion zu einer Kunst.

Ikeda: Das haben Sie wunderbar ausgedrückt. Ich sehe es ganz genauso.

Unger: Eugen Biser (1918–2014), Theologe und Dekan unserer Akademie, interpretiert Buddhismus und Christentum in einem therapeutischen Rahmen, der sowohl das Individuum als auch die Menschheit als Ganzes umfasst.

Ikeda: Auch Shakyamunis Lehre von den Vier Edlen Wahrheiten stellt eine therapeutische Methode dar, mit deren Hilfe sich menschliches Leid lindern lässt. Im Einzelnen handelt es sich um die Wahrheit vom Leiden, die Wahrheit vom Ursprung des Leidens, die Wahrheit vom Beenden des Leidens und die Wahrheit vom Pfad zum Beenden des Leidens. Da sich der Buddhismus seit Shakyamunis Lebzeiten voll und ganz auf die Beendigung des Leidens konzentriert hat, kann man ihn durchaus als eine Therapie auf allen Ebenen bezeichnen, die sich vom Individuum auf die Gesellschaft als Ganzes ausweitet.

Unger: Angesichts der Globalisierung der Gesellschaft scheint die gesellschaftliche Heilung zunehmend an Bedeutung zu gewinnen. Die Gesellschaft muss sich mit einer Vielzahl von Traditionen, Sichtweisen und Werten auseinandersetzen, die im globalen Kontext zwar unzusammenhängend sind, aber dennoch nebeneinander existieren und miteinander interagieren. Unter dem Zwang, sich aus dem, was ihnen zugänglich ist, ihr eigenes privates Denksystem zusammenzubasteln, bedienen sich die Leute aller scheinbar vereinbaren Elemente, egal, ob diese tatsächlich zusammenpassen oder nicht.

Ikeda: Da der Mensch geistige Leere nicht ertragen kann, ist er ständig auf der Suche nach etwas, woran er glauben kann, nach einer geistigen Stütze, die ihm Befriedigung auf spiritueller Ebene verschafft. Woran er glaubt, hat eine entscheidende Wirkung. Deshalb ist es überaus wichtig, in so vielen Menschen wie möglich universell gültige Vorstellungen von Toleranz, Mitgefühl, Liebe und Respekt für die Würde des Menschen zu kultivieren. Verliert man diese Dinge aus dem Blick und gleitet in ein Vakuum ab, dann riskiert man im äußersten Fall sogar die Entwicklung neuer Formen von Totalitarismus.

Was halten Ihrer Meinung nach die Menschen in Europa heute von totalitären Systemen wie dem Faschismus und dem Stalinismus mit ihrer extremen Intoleranz?

Unger: Die außerordentliche Brutalität und Intoleranz des Nationalsozialismus und Stalinismus und ihre bis dahin unvorstellbare Menschenverachtung stellen für die Menschen in Europa ein bleibendes Trauma dar. Wir fragen uns noch immer, wie eine Ideologie eine so differenzierte Kultur wie die unsere wegfegen und zu willkürlichem Massenmord führen konnte. Oder noch schärfer ausgedrückt: Was ist in der hochdifferenzierten europäischen Kultur schiefgelaufen, dass sich der Boden bilden konnte, auf dem solche Ideologien gediehen und funktionierten? Natürlich ist die sozialistische Diktatur am Ende untergegangen. Aber bedeutet das automatisch das Ende aller menschenverachtenden Ideologien, das Ende aller Hegemonialmächte, die sich so wenig für das menschliche Leben einsetzen? Ich glaube nicht.

Ikeda: Totalitäre, menschenverachtende Ideologien erscheinen immer wieder in neuer Gestalt. Wir alle wissen, dass sich der Nationalsozialismus im Rahmen der demokratischen Weimarer Republik geschickt den Weg an die Macht gebahnt hat. Doch hinter dem wachsenden Einfluss totalitärer Ideologien stehen stets viele Menschen, die mit ihnen sympathisieren und ihnen diese Macht verleihen.

Ich erinnere mich, dass Arnold Toynbee Faschismus und Kommunismus als aufkommende moderne Religionen betrachtete, die als Ersatz für das Christentum entstanden. Weil sie aber für sich genommen zu mittelmäßig waren, um von den Menschen verehrt zu werden, wurden sie faktisch zu Religionen, die die kollektive Macht einer Gruppe anbeteten.[21] Dieser Beobachtung stimme ich zu.

Unger: Auch Japan hat ähnliche traumatisierende Erfahrungen hinter sich. Wie sprechen japanische Künstler und Intellektuelle über die Vergangenheit, und zu welchen Schlüssen kommen sie?

Ikeda: Es gab nur wenige Künstler, Intellektuelle sowie religiöse Anführer, die sich dem zügellosen, menschenverachtenden Totalitarismus, der sich auf den Staatsshintoismus als spirituellem Grundpfeiler stützte, entgegengestellt haben. Josei Toda leistete so explizit Widerstand, dass er inhaftiert wurde. Das ist einer der Gründe, warum ich ihm absolut vertraue. Es stimmt, dass sich einige Künstler und Intellektuelle im Japan der Nachkriegszeit, als es Mode war, sich zum Pazifismus zu bekennen und gegen den Krieg zu positionieren, ehrlich und ernsthaft gegen den Totalitarismus stellten. Zugleich aber vermieden es viele von ihnen, sich direkt mit dem blanken Elend auseinanderzusetzen, in das Japan andere asiatische Nationen gestürzt hatte. Diese Tendenz hält bis heute an.

Die politische Theoretikerin Hannah Arendt (1906–1975) hat den Begriff der »Höhlen des Vergessens« verwendet, um auszudrücken, wie der Totalitarismus die öffentliche Erinnerung auslöscht. Viele Japaner haben das Leid, das ihr Land anderen zugefügt hat, in einer solchen »Höhle« deponiert. Das daraus resultierende Unvermögen, die totalitäre Denkweise vollständig zu überwinden, stellt einen der Gründe dar, weshalb uns die Menschen in den asiatischen Ländern, in die Japan damals einmarschiert ist, noch immer misstrauen.

Unger: Was uns die Medien täglich aus der ganzen Welt berichten, finde ich wirklich sehr erschreckend. Die Intoleranz ist das Böse in uns Menschen. Aber ich wiederhole noch einmal, dass uns eigentlich die Toleranz genetisch eingeschrieben ist. Trotz der furchtbaren gegenwärtigen Ereignisse weltweit bin ich optimistisch, was künftige Entwicklungen angeht. Zwei Faktoren bringen mich zu dieser Einstellung. Der eine findet sich in der Tradition des Joachim von Fiore (1130/35–1202), Nikolaus von Kues (1401–1464) und Pierre Teilhard de Chardin (1881–1955). Diese drei Denker waren überzeugt, dass sich der menschliche Geist entwickele und wir fähig seien, geistige Reife zu erlangen. Teilhard bot in diesem Zusammenhang einen Ausblick auf die Gentechnik. Diese zeigt uns, dass wir das Ergebnis von Variationen, also von Mutationen sind. Deshalb hege ich die berechtigte Hoffnung, dass sich die Menschheit auf eine Weise entwickeln kann, die schlussendlich ein friedliches Zusammenleben ermöglichen wird.

Ikeda: Die drei von Ihnen genannten Philosophen waren überzeugt, dass der menschliche Geist unendliche Entwicklungsmöglichkeiten hat. Aus dieser Überzeugung leiteten sie Hoffnung für die Zukunft ab. Auch Nichiren hegte eine strahlende Hoffnung auf ein friedliches Miteinander unter den Menschen. Er lebte im Japan des 13. Jahrhunderts, zu einer Zeit, als überall Pessimismus und Verzweiflung herrschten. In der buddhistischen Geschichte wird diese Zeit die Spätzeit des Gesetzes genannt. 2000 Jahre waren seit dem Tod Shakyamunis vergangen, der Buddhismus verfiel, das Leben verkam zunehmend, die Gesellschaft und die gesamte Epoche waren wirr und korrupt. In der Tat erlebte ganz Japan eine Serie von Bränden, Überschwemmungen und Erdbeben sowie Epidemien und Hungersnöte. Nichiren aber erklärte: »Wenn sich großes Übel ereignet, dann folgt etwas großes Gutes.«[22] Er war überzeugt, dass eben aufgrund dieser zunehmenden Krisen die Zeit gekommen war, aus der Verwirrung eine neue geistige Blüte entstehen zu lassen und eine dauerhaft friedliche Welt aufzubauen. Sich selbst sah er als aktiven Anführer einer historischen Reformation.

Unger: Das ist faszinierend. Der zweite Faktor, der mich optimistisch macht, ist die Entwicklung der Länder Europas von einem Zustand ständiger Kriegsbereitschaft von jedem gegen jeden hin zu einer zunehmend sichtbaren Einigkeit. In diesem Prozess haben wir es immer wieder mit der Frage zu tun, wie sich der alte Nationalismus überwinden und die europäische Einheit schmieden lassen und zugleich entscheidende regionale Strukturen innerhalb dieses Gesamtrahmens erhalten werden können. Europa hat zwei Dinge erreicht, die sehr markant und ermutigend sind: das Schengener Abkommen und den Euro als einheitliche Währung für acht Länder [heute 20 Länder]. Dank des Schengener Abkommens wurden in vielen, wenn auch noch nicht allen europäischen Ländern die Grenzkontrollen abgeschafft.

Ikeda: Durch Bewahrung der regionalen Vielfalt bewegt sich Europa freiwillig und friedlich auf eine Einheit zu. Seine pluralistische, nichtmilitärische Ordnung sollte als Modell für eine neue regionale und globale Ordnung dienen. Das lässt mich an den Österreicher Graf Richard Coudenhove-Kalergi (1894–1972) denken, der das paneuropäische Konzept vertrat. Ab 1967 trat ich mit ihm in einen Dialog. Ich war damals noch ein junger Mann und so viel jünger als er, dass ich sein Sohn hätte sein können. Seine ernsthafte Art vermittelte mir das Gefühl, als übertrage er mir eine Aufgabe. Unsere Dialoge wurden unter dem Titel *Bunmei. nishi to higashi* (Zivilisation, Ost und West) veröffentlicht. Darin sagte Graf Coudenhove-Kalergi, ein Dritter Weltkrieg könne nur abgewendet werden, wenn wir beständig hervorheben würden, wie wichtig menschliches Miteinander und gegenseitiges Vertrauen auf der Basis einer spirituellen Bewegung seien, die Konflikte aufgrund ethnischer, religiöser, ideologischer und nationaler Differenzen zu überwinden vermöge.[23] Diese Aussage ist heute noch wichtiger als damals. Ein Bündnis des Mitgefühls und der Toleranz, das wiederum Bande gegenseitigen Vertrauens schafft, ist unverzichtbar, wenn wir der beständig zunehmenden Gewalt auf der Welt Einhalt gebieten wollen.

Unger: Ich habe Graf Richard Coudenhove-Kalergi auf einem Paneuropa-Kongress in Wien 1964 persönlich kennengelernt. Er stammte von den Habsburgern ab, die Mitteleuropa nach dem Prinzip »leben und leben lassen« vorbildlich regiert hatten. Sie brachten viele Sprachen unter einer Krone, also unter einer Idee zusammen. Diese Tradition, die auf Karl den Großen und die beherrschenden Ideen des Heiligen Römischen Reichs zurückgeht, schuf ein Band, das den Menschen die Zuversicht eines guten Lebens schenkte. Heutzutage benötigen wir eine ähnliche europäische Grundidee, die auf mehr Bereiche anwendbar ist als nur auf Bürokratie und Wirtschaft. 1923 griff Graf Coudenhove-Kalergi diese Grundidee auf und entwickelte daraus eine brillante Vision.

Ikeda: Ja, in dem Buch *Paneuropa*, das Graf Coudenhove-Kalergi der europäischen Jugend widmete, heißt es unter anderem:

> Ob ein Gedanke Utopie bleibt oder Realität wird, hängt gewöhnlich von der Zahl und der Tatkraft seiner Anhänger ab. Solange an ein Pan-Europa Tausende glauben – ist es Utopie; wenn erst Millionen daran glauben – ist es politisches Programm; sobald hunderte Millionen daran glauben – ist es verwirklicht.[24]

Wie sehr er sich wohl freuen würde, wenn er sehen könnte, dass heute hunderte Millionen Menschen an seine paneuropäische Vision glauben.

Freiheit als Kernstück der europäischen Idee

Ikeda: Eine Quelle für Graf Coudenhove-Kalergis Paneuropa-Konzept war die Donau-Union österreichischen Ursprungs. Österreich hat im Laufe seiner langen Geschichte tiefe Weisheit in Bezug auf Toleranz entwickelt. Die Habsburger versuchten den Geist der Toleranz in ihre Staatsführung einzubauen. Historisch betrachtet diente ihr Reich ausschließlich den Zwecken einer paneuropäischen

Gemeinschaft und strebte auf verschiedenste Weise danach, alle ethnischen Gruppen und Sprachen unter seiner Herrschaft als gleichberechtigt anzuerkennen. So garantierte zum Beispiel Artikel 19 der österreichischen Verfassung von 1867 die Gleichheit aller Nationalitäten innerhalb der Monarchie und erklärte, dass alle Völker das unverbrüchliche Recht besäßen, ihre Nationalität und Sprache zu bewahren. Man kann daher sagen, dass Paneuropa unwiderruflich mit den Habsburgern und dem Christentum verknüpft ist.

Unger: Die tausendjährige Tradition des Kaiserreichs, die von Karl dem Großen bis zu Karl I. (1887–1922) andauerte, wäre ohne ein humanistisch geprägtes Reichskonzept undenkbar gewesen. Bis heute existiert eine Idee von Europa, nach der jeder Mensch in Freiheit leben kann. Als ein Element des Christentums basiert die Freiheit auf den Evangelien und findet vor allem in den Paulusbriefen Ausdruck, wo es heißt, dass der Mensch sich nur unter dem Vorbehalt geistiger Freiheit entwickeln kann. In diesem Zusammenhang ist die in die Tat umgesetzte Freiheit allerdings gekoppelt mit dem Gewissen des Einzelnen zu verstehen.

Ikeda: Genau, denn sonst kann Freiheit in Selbstgefälligkeit umschlagen. Deshalb ist Religiosität zur Kultivierung des Gewissens in einer freien Gesellschaft von so großer Bedeutung.

Fall der Mauer und europäischer Aufschwung

Ikeda: Im Kalten Krieg hat die Spaltung zwischen Ost und West den über so viele Jahre kultivierten Geist des Miteinanders gebrochen. Mit dem Ende des Kalten Krieges aber begann die europäische Welt wieder aufzuleben.

Wie haben Sie den Fall der Berliner Mauer erlebt?

Unger: Der 9. November 1989 hatte für Europa eine enorme Bedeutung. Er wird als »Wende« bezeichnet, weil er das Leben der Menschen in Europa komplett veränderte. Erst da endete im wahrsten Sinne des Wortes der Zweite Weltkrieg. Es war ein zutiefst bewegendes Ereignis: Endlich konnten sich die Beziehungen zwischen den mitteleuropäischen Staaten normalisieren. Meine Frau Monika und ich fuhren sofort nach Berlin, wo wir ein Mauerstückchen abschlugen, das wir bis heute aufbewahren. Niemand hatte sich vorstellen können, dass der Kommunismus von einem Tag zum anderen und ohne einen einzigen Gewehrschuss zusammenbrechen würde. Ich war damals überzeugt, dass die Zerstörung der Mauer neue, hoffnungsvolle Perspektiven für Europa eröffnen würde.

Vor Kurzem bin ich in die lettische Hauptstadt Riga gereist, wo ich sehr klar zum Ausdruck brachte, dass es in der Vergangenheit nie Probleme zwischen Russland und Europa gab. Die Probleme begannen erst, als die kommunistische Ideologie Europa spaltete. Damit ist es nun vorbei. Aus europäischer Sicht ist der Austausch mit Moskau oder Sankt Petersburg nichts Besonderes mehr. Vor langer Zeit wurden von Russland, Deutschland und Österreich die Dinge in einem natürlichen Beziehungsgeflecht besprochen, das unglücklicherweise etwa ein Jahrhundert lang gestört war.

Ikeda: Ich war im Oktober 1961 in Berlin, zwei Monate nach dem Bau der Mauer. Zu einigen Freunden, die mich begleiteten, sagte ich damals: »In einem bin ich mir sicher: In dreißig Jahren wird die Berliner Mauer nicht mehr stehen.« Das war nicht etwa ein Wunsch oder eine Voraussage. Es war meine tiefe Überzeugung, dass der freiheits- und friedliebende menschliche Geist den Sieg davontragen würde. Gleichzeitig drückte ich damit meine Entschlossenheit aus, mich voll und ganz dem Traum meines Meisters Josei Toda zu widmen, die Weltbürgerschaft, also eine globale Menschheitsfamilie, zu verwirklichen.

Unger: Ich glaube, wir müssen tatsächlich das Bewusstsein erlangen, dass wir Bürger der Erde sind, auch wenn wir unterschiedliche Sprachen sprechen, in verschiedenen Kulturen leben und unterschiedliche religiöse Ansichten vertreten – genau, wie Josei Toda sagte. Diese Idee sollte uns vereinen, statt uns auseinanderzutreiben.

Ikeda: Wir müssen unter den Menschen der Erde eine geistige Solidarität kultivieren, die auf dem Bewusstsein unserer gemeinsamen Weltbürgerschaft gründet, und auf diese Weise die Kraft aufbringen, alle Arten von Konflikten zu überwinden, darunter auch die zwischen den Nationen.

Einschränkung der Meinungsfreiheit

Unger: Ich würde unser allgemeines Gespräch über das Thema Toleranz gern mit der gesellschaftlichen Ebene verknüpfen. So scheint mir zum Beispiel in unserer derzeitigen Informationskultur die in den Massenmedien gezeigte Gewalt die Intoleranz zu fördern. Sehen Sie das auch so?

Ikeda: Die Rede- und Meinungsfreiheit ist für den Aufbau einer Kultur des Friedens und der Toleranz absolut unverzichtbar. Viele Menschen stellen allerdings den Sinn dieser Freiheit infrage, wenn die Massenmedien aufgrund ihres unverantwortlichen Profitstrebens unter dem Deckmantel der Freiheit diese dazu missbrauchen, die Menschenrechte zu bedrohen. Diese beklagenswerte Situation scheint die Einschränkung der Freiheit durch die Obrigkeiten zu legitimieren. Mit anderen Worten: Die Medien höchstselbst gefährden die Grundlagen der Freiheit.

Journalismus kann Rassenhass und Fremdenfeindlichkeit schüren und so der Entstehung einer Kultur der Toleranz im Wege stehen. Wir dürfen den Nazi-Spruch nicht vergessen, dem zufolge Menschen jede Lüge glauben werden, solange man sie nur oft genug wiederholt. Die Geschichte bietet viele Beispiele dafür, wie Lügen zu wachsendem Hass geführt haben. Lügen öffnen Tür und Tor für Gewalt. Treten sie die Menschenrechte mit Füßen, sind auch sie bereits Teil der Gewalt. Deshalb sollte die ethische Grundlage einer Kultur der Toleranz durch eine Zurückweisung von Lügen und den Schutz der Wahrheit gekennzeichnet sein.

Der berühmte US-Ökonom John Kenneth Galbraith (1908–2006) war der Überzeugung, dass unter den verschiedenen Verantwortungen, die Journalisten tragen und denen sie als Menschen verpflichtet sind, die wichtigste die Wahrheit sei. Dennoch beharrte er darauf, dass es zwar einige Gesetze geben müsse, um Reporter, die sich nicht an die Wahrheit hielten, in ihre Schranken zu weisen, diese aber nur nach sorgfältiger Prüfung angewendet werden sollten.[25]

Unger: Welche Art von Gesetzen wir benötigen, um die Toleranz zu schützen, ist ein wichtiges Thema. Ohne gesellschaftliche Intervention werden Menschen, die Rassenhass schüren, ihre Saat so lange verstreuen, bis jede Toleranz zerstört ist. Andererseits führt politische Korrektur durch eine Gedankenpolizei nur zu einer oberflächlichen Einschränkung der Meinungsfreiheit. Unterschwelliger Hass baut sich trotzdem auf und wird mit Sicherheit früher oder später zum Ausbruch kommen.

Künstlern sollten schockierende Ausdrucksformen erlaubt sein. Aber an welchem Punkt muss man einem Künstler klarmachen, dass die Gesellschaft keine weitere Provokation verträgt? Das Gleichgewicht muss gewahrt bleiben, doch beinhaltet dies auch stets ein Risiko. Zu viel Nachsicht kann das soziale Gefüge zerstören. In dem Theaterstück *Biedermann und die Brandstifter*, einer wunderbaren Parabel des Schweizer Schriftstellers Max Frisch (1911–1991), ist der Protagonist Biedermann so nachsichtig gegenüber den Brandstiftern, dass er sie sogar mit Streichhölzern versorgt. Ich glaube, solange wir stolz auf unsere eigenen Werte sind, können wir das erforderliche Gleichgewicht halten.

Ikeda: Das Recht auf freie Meinungsäußerung ist die Grundlage von Freiheit und Demokratie. Einschränkungen sollten auf ein Minimum begrenzt sein, auch wenn das Ausmaß, in dem Nationen und Gemeinschaften eine freie Meinungsäußerung zulassen, sich an den jeweiligen kulturellen Gegebenheiten orientiert. Das Aufrechterhalten eines Gleichgewichts zwischen der Meinungsfreiheit und der Begrenzung von Gewalt-, Hass- und diskriminierenden Äußerungen erfordert einen ganzheitlichen, positiven Ansatz, der das Rechtssystem ebenso einschließt wie die Selbstregulierung und die Bildung.

Bildung ist entscheidend, weil sie den Standard anhebt, sowohl bei denen, die die Medieninformationen übermitteln, wie auch bei denen, die sie empfangen. Konkret ausgedrückt, bedarf die Medienkompetenz – also die Fähigkeit, Medieninformationen klar einzuordnen, zu bewerten und zu verwenden – einer gründlichen Verbesserung. Eine Bildung, die diese Ziele ebenso im Elternhaus wie in der Schule als auch auf lokaler Ebene erreicht, verleiht der Allgemeinheit die Autonomie, die Medien selbstständig zu nutzen und einen kritischen Umgang mit ihnen zu pflegen. Dies ist der beste Weg zu einer Qualitätssteigerung der Medien. Bildung sollte die Menschen dazu ermutigen, im Umgang mit den Medien einen kritischen, unabhängigen Geist zu behalten, um so den Boden für eine Kultur der Toleranz und des Friedens zu bereiten.

In der Medienwirkungsforschung hat man offenbar eine Verbindung zwischen gewalttätigen Äußerungen und tatsächlicher sozialer Gewalt identifiziert, ohne bisher jedoch so weit zu gehen, einen klaren kausalen Zusammenhang herzustellen. Selbstverständlich können gewaltverherrlichende und provokative Medieninhalte einer gesunden psychischen Entwicklung von Kindern nicht zuträglich sein.

Unger: Ich kann nicht nachvollziehen, warum Fachleute weiterhin darauf beharren, dass es zwischen Gewaltdarstellungen in den Medien und der Aggression unter jungen Menschen keinen Zusammenhang geben soll. Schließlich wird das Fernsehen größtenteils durch Werbung finanziert. Der Werbeträger will, dass sich seine Produkte und Dienstleistungen verkaufen. Die Fernsehwerbung hat also ganz offensichtlich eine Wirkung, während Gewaltdarstellung angeblich keine hat? Diese unfassbare Heuchelei, die unsere Gesellschaft prägt, muss im Namen der Toleranz thematisiert werden.

Im April 2002 fand im thüringischen Erfurt ein Verbrechen statt, wie wir es bis dahin lange nur aus den Vereinigten Staaten kannten. Ein Neunzehnjähriger ging schwerbewaffnet in die Schule, aus der er verwiesen worden war, und erschoss zwölf Lehrkräfte, eine Schülerin, einen Schüler, eine Schulsekretärin und einen weiteren Erwachsenen. Er hörte erst auf, als ihn ein Lehrer, der ihm im Schulflur begegnete, aufforderte, die Maske abzunehmen und ihm in die Augen zu schauen.

In diesem Fall sehe ich zwei Dinge klar und scharf wie unter einem Vergrößerungsglas: auf der einen Seite die herzlose Bluttat eines jungen Waffenfanatikers, der seine Zeit damit verbrachte, Gewaltvideos anzuschauen und gewaltverherrlichende Computerspiele zu spielen, auf der anderen eine strahlende Menschlichkeit, die die verrohte Seele dieses jungen Mörders zu beeinflussen vermochte.

Ikeda: Wir müssen immer an dem Glauben festhalten, dass der Geist des buddhistischen Mitgefühls und der Geist der christlichen Nächstenliebe jeden Menschen verwandeln können. Auf diese Überzeugung stützt sich mein anhaltendes Beharren darauf, dass vor jeglicher Waffengewalt der Dialog stehen muss. Ich bin fest entschlossen, Ihnen als Vorkämpfer für Liebe und Toleranz im fortwährenden Einsatz für Frieden anstelle von Krieg, Kultur anstelle von Barbarei und Toleranz anstelle von Intoleranz zur Seite zu stehen.

Kapitel 3

Erschaffung einer Kultur des Friedens

Ikeda: Um die Strömungen rückgängig zu machen, die das 20. Jahrhundert zu einem Zeitalter der Kriege und Gewalt gemacht haben, müssen wir einen Paradigmenwechsel vornehmen. Wir müssen die Ursachen für die Entstehung von Konflikten und Gewalt weltweit verändern, indem wir unsere Kriegskultur in eine Kultur des Friedens umwandeln. Wie lässt sich dies erreichen, und welche Voraussetzungen sind dafür zu schaffen? Um diese Fragen zu beantworten, möchte ich all das, was wir bereits zu Toleranz und Mitgefühl gesagt haben, mitberücksichtigen und vertiefen und auf dieser Grundlage drei wichtige Themen behandeln: die Menschenrechte als unverzichtbares Element einer Friedenskultur, die Rolle der Frau als Friedensstifterin und die humanistische Erziehung als Schlüssel zum Frieden.

Unger: Auch ich halte die Erschaffung einer Kultur des Friedens für dringend notwendig. Zugleich beunruhigt mich sehr, auf welch gefährliche und abstoßende Weise sich unsere Welt entwickelt. Die rasante Globalisierung zerstört gewachsene ethnische und regionale Kulturen. Ausgelöst durch die Diskrepanz zwischen den wohlhabenden Industrieländern und den ums Überleben kämpfenden Entwicklungsländern, führen Wirtschaftskrisen zu abrupten Ausbrüchen ethnisch begründeter Bürgerkriege und Gemetzel. Wir brauchen bloß die Zeitung zu lesen, um zu sehen, dass sich der Krieg direkt vor unserer Haustür befindet. Zudem sind wir heute mit einem Terrorismus konfrontiert, dessen Wurzeln auf ungelösten ethnischen Konflikten beruhen. Wir sehen, wie eine Mischung aus religiösem und ethnischem Fundamentalismus zu terroristischen Gewaltakten führt.

Ikeda: Nach den Anschlägen auf die USA am 11. September 2001 verbreitete sich weltweit die Angst vor Terrorismus. Die politische, kulturelle und wirtschaftliche Globalisierung, die über alle nationalen und ethnischen Grenzen hinweggeht, strebt eine Vereinheitlichung an. Die dadurch ausgelösten Gegenreaktionen führen jedoch zurück zu Nationalismus und Fundamentalismus, die wiederum Extremismus und Terror hervorbringen. Zugleich kommen wir aufgrund der rasanten Ausweitung der globalen Verkehrs- und Kommunikationsnetze wie auch der vereinheitlichenden Effekte durch multinationale Konzerne mit den Traditionen, Philosophien und Wertesystemen verschiedener historischer und kultureller Hintergründe aus der ganzen Welt in Kontakt. Diese Rezeption unterschiedlichster Werte kann unser Denken bereichern, zerstört aber auch ganze Kulturen und bringt Wertesysteme durcheinander. In diesem Sinne sollte unser Zeitalter der globalen Integration nicht zu einem Zeitalter der Verwirrung werden.

Heute befinden wir uns in einem chaotischen Zustand, in dem zentripetale Standardisierung und zentrifugale Desintegration miteinander im Konflikt stehen. Wir müssen weiterhin nach universellen Werten suchen, zugleich aber die Originalität und Individualität respektieren und achtsam würdigen. Auch hier ist es entscheidend, das Gleichgewicht zu halten. Wie besessen an Besonderheiten festzuhalten und sich von vorherrschenden Kontexten, Traditionen und Wertesystemen zu isolieren, führt zu Selbstherrlichkeit, Vorurteilen und Diskriminierung. Eingleisiges Streben nach universellen Werten birgt auf der einen Seite die Gefahr globaler Standardisierung; eine ausschließliche Betonung der Individualität droht auf der anderen Seite, die Welt zu spalten.

Unger: Da bringen Sie vieles von dem, was mich zutiefst beunruhigt, genau auf den Punkt. Mit Sorge beobachte ich, wie faschistisch-nationalistische Bewegungen inakzeptable Entwicklungen fördern, die die globale Verständigung behindern. Zu viele Menschen stehen der Zukunft der Menschheit und der Welt gleichgültig gegenüber. Eine derartige Gleichgültigkeit führt zu einem Missbrauch der Menschenrechte und zur Aushöhlung des Freiheitsbegriffs.

Ikeda: Ökonomische Ungleichheit, Unterdrückung und Diskriminierung schaffen den Nährboden für Terrorismus. Eine Gleichgültigkeit diesen Ungerechtigkeiten gegenüber läuft auf die Unfähigkeit hinaus, sich das Leiden eines Gegenübers vorzustellen, und spiegelt sich in dem modernen Übel wider, dass man die Existenz anderer gar nicht mehr anerkennt. Diese Tendenz zu einem mangelnden Interesse an der Gesellschaft und an den Mitmenschen und zu einer Selbstbefangenheit zeigt sich vor allem bei jungen Leuten, die die Verantwortung für die Zukunft tragen.

Unger: Mir scheint, dass sich unter den jüngeren Generationen neben der Gleichgültigkeit auch ein Gefühl der Isolation und Aggression breitmacht, das zu Entfremdung und extremem Individualismus führt. Aufgrund der Vielfalt von Informationen, die durch die Globalisierung zugänglich werden, verfallen die jungen Menschen in einen materialistischen Lebensstil und bewerten Geld oftmals höher als das Leben an sich. Ein solch extremer Individualismus stellt eine Bedrohung für unsere Welt dar.

Ikeda: Neben dem Materialismus ist dieser Trend des extremen Individualismus oder Egoismus ein weiteres modernes Übel. Egoistische Menschen sind in ihrer eigenen kleinen Welt gefangen und interessieren sich nicht für den Schmerz, das Leid und den Kummer anderer. Schon Kleinigkeiten wecken starke Emotionen bei ihnen und veranlassen sie zu gewalttätigen Handlungen.

Die ausschließliche Beschäftigung mit der Befriedigung der eigenen Wünsche bildet den Nährboden für Konflikte, denn sie begünstigt Ungleichheit, Vorurteile und Diskriminierung.

Ein Gleichnis

Ikeda: Die Kultur des Friedens, die ich mir vorstelle, stattet alle Lebewesen mit den gleichen Rechten aus und ermöglicht ihnen zugleich, ihre individuellen Eigenschaften zu entfalten. Wie können wir die aggressive und zerstörerische Kultur des Krieges mithilfe von Dialog und Zusammenarbeit in eine Kultur des Friedens umwandeln?

Dazu fällt mir ein Bild ein, das in dem Gleichnis von den drei Arten von Heilkräutern und den zwei Arten von Bäumen beschrieben wird. Es findet sich im Kapitel »Das Gleichnis von den Heilkräutern« des *Lotos-Sutra* und stellt ein buddhistisches Idealbild des Friedens dar. Der Text beschreibt, wie alle Arten von Bäumen und Kräutern mit ihren unterschiedlichen Namen und Eigenschaften nebeneinander wachsen. »Der Regen, der aus der geschlossenen Wolkendecke über ihnen fällt, stimmt mit jeder einzelnen Art und deren Natur überein. Er lässt sie sprießen und reifen, blühen und Früchte tragen.«[26]

Die Pflanzen symbolisieren die menschliche Kultur. Obwohl die verschiedenen Kräuter und Bäume von Natur aus unterschiedlich sind, wachsen sie dank des einen unparteiischen, bereichernden Regens und aus ein und derselben unparteiischen, nährenden Erde – Symbol für ein wohlwollendes Universum, das sie in einer Kultur des Friedens gedeihen und aufblühen lässt und doch ihre individuellen Eigenschaften bewahrt.

Unger: Dieses Bild von Koexistenz, Vielfalt und Gleichberechtigung zeigt sehr schön den Weg zu einer Kultur des Friedens auf. In diesem Jahrtausend muss sich die gesamte Menschheit dem Problem der gemeinschaftlichen Entwicklung stellen. Dabei müssen wir erkennen, dass das Leben jedes einzelnen Menschen, ganz gleich welcher ethnischen Herkunft und welchen religiösen Hintergrunds, gleich wichtig ist und den gleichen Wert hat.

Ikeda: Respekt vor der Vielfalt sowie Dialog und Einsicht in das Universelle sind Grundvoraussetzungen für eine Kultur des Friedens.

Respekt vor der Vielfalt bedeutet, dass wir Menschen, die anders sind als wir selbst, anerkennen und ehren, von ihnen lernen und das Gelernte integrieren. Mit einer derart aufgeschlossenen Haltung können sich Einzelne, Gruppen und Länder ständig weiterentwickeln. Wer sich von vornherein gegenüber anderen verschließt und andere ausgrenzt, setzt sich hingegen am Ende selbst herab.

Unger: Das sehe ich auch so. Um eine Kultur des Friedens zu erschaffen, müssen wir die Vielfalt des Lebens und der Natur respektieren und uns auf universelle menschliche Werte einigen. Dazu braucht es Toleranz und Moral. Toleranz ist die unverzichtbare Brücke zu einer neuen Welt, in der die Menschen in allen ihren Begegnungen die Würde des Lebens anerkennen.

Ikeda: Nur eine Kultur des Friedens kann uns den Weg zu einer blühenden Weltzivilisation weisen, in der sich die verschiedenen Kulturen gegenseitig nachhaltig befruchten. Und dafür – wir haben es bereits gesagt – ist eine Haltung aktiver Toleranz unabdingbar.

Unger: In der Tat. Die Menschen der Welt – ob Buddhisten, Christen, Muslime oder Atheisten – müssen erkennen, wie überaus wichtig aktive Toleranz ist.

Ikeda: Im Lauf der Geschichte hat kulturelle und ethnische Diskriminierung unzählige Tragödien hervorgebracht, die durch eine Haltung aktiver Toleranz hätten verhindert werden können. Wir müssen andere Kulturen, Weltanschauungen und ethische Vorstellungen respektieren und demütig von ihnen lernen.

Unger: Genau das denke ich auch. Im Jahr 2004 gründete die Europäische Akademie der Wissenschaften und Künste in Salzburg das Kardinal-König-Institut als gemeinsames Forum für Gläubige und Nichtgläubige. (Der Kardinal war bis zu seinem Tod kurz nach der Gründung des Instituts dessen Ehrenpräsident.) Es soll den interreligiösen Dialog ermöglichen, den Meinungsaustausch mit Atheisten fördern und Intoleranz in Toleranz verwandeln. Um es mit Ihren Worten zu sagen: Es ist ein Ort, an dem es darum geht, andere Kulturen, Weltanschauungen und ethische Vorstellungen zu respektieren und von ihnen zu lernen.

Ikeda: Ich habe großen Respekt vor der aufmerksamen, sensiblen Art und den Leistungen von Kardinal König. Mit dem Dialog als zweiter Grundvoraussetzung für eine Kultur des Friedens kann man den Geist der Toleranz in der Praxis kultivieren. Die Kultur des Krieges beruht auf der Wahrnehmung, dass die eigene Kultur überlegen sei, und verschließt sich gegenüber allen anderen; die Kultur des Friedens hingegen ist offen für andere Kulturen.

Diese Offenheit zu finden und zu praktizieren, ist nicht immer einfach. Arnold Toynbee schrieb in *Die Welt und der Westen*: »Wir sehen aus alledem, dass die Aufnahme einer fremden Kultur ein ebenso schmerzvolles wie gefährliches Unterfangen ist.«[27] Zwar wäre es naiv zu erwarten, dass solche Begegnungen immer reibungslos verlaufen, aber sie müssen nicht zwangsläufig in zerstörerischen Zusammenstößen enden.

Graf Richard Coudenhove-Kalergi bemerkte mir gegenüber einmal, dass das Fundament der meisten großen Kulturen auf Dingen beruht, die sie von anderen Kulturen übernommen haben. Der Dialog ist eine konkrete Möglichkeit, diese Offenheit für andere Kulturen zu praktizieren.

Unger: Die abrahamitischen Religionen haben die Bedeutung des Dialogs betont, was besonders im Neuen Testament der Bibel deutlich wird. In einer Rede, die ich im Juli 1997 an der Soka-Universität hielt, sagte ich den Studierenden, dass unsere Fähigkeit zum Dialog über das weitere Schicksal dieser Erde entscheiden wird.

Der Dialog bringt die Tugend der Toleranz hervor. Indem wir von dieser Tugend lernen und danach handeln, legen wir den Grundstein für Frieden. Interreligiöse Dialoge überbrücken weltanschauliche Gräben und schaffen die Grundlage für den globalen Frieden.

Sie, Herr Ikeda, nutzen den Dialog auf wunderbare Weise, indem Sie nicht nur Ihre eigenen Überzeugungen darlegen, sondern auch Menschen mit einem anderen religiösen und kulturellen Hintergrund aufmerksam zuhören, deren Ideen und Äußerungen alle zur Verwirklichung des Weltfriedens beitragen. Darüber hinaus berührt es mich sehr, wie Sie Ihre zahlreichen Freunde ermutigen, sich unablässig um ein kreatives, wertvolles Leben zu bemühen.

Ikeda: Ich danke Ihnen für diese freundlichen Worte. Ich bin überzeugt, dass der Dialog die Kraft hat, Unterschiede zu überwinden und unsere Welt zu einigen. Aufgrund dieser Überzeugung habe ich mich im interkulturellen und interreligiösen Dialog mit Intellektuellen und führenden Persönlichkeiten aus der ganzen Welt engagiert.

Unger: Ja, Sie sind selbst aktiv geworden. Wenn man Kontakte knüpfen will, sollte man anderen freundlich entgegengehen, statt zu warten, dass sie auf einen zukommen, und zugleich klar die eigenen Überzeugungen vertreten.

Ikeda: Da haben Sie recht. Dialog bedeutet nicht einfach nur zuzuhören, was andere zu sagen haben, sondern erzeugt gegenseitiges Verständnis und Vertrauen. Ohne einen gefestigten Glauben und starke Überzeugungen ist es unmöglich, andere Menschen zu verstehen oder sich mit ihnen in einen echten Dialog zu begeben. Ohne Dialog irren die Menschen im Dunkel der Selbstgerechtigkeit umher. Dialog wirft ein helles Licht in diese kalte Finsternis und zeigt uns den Weg, dem wir folgen sollten.

Einsicht in das Universelle – das Leben als ewiger Wert

Ikeda: Letztendlich erwächst aus dem weiten Feld, das vom Dialog erhellt wird, die Einsicht in ewige Werte – die dritte der Grundvoraussetzungen für eine Kultur des Friedens, die ich vorhin genannt habe. Intensiver Austausch oder sogar das Zusammenleben mit anderen Kulturen führt zu tieferen Einsichten in die eigene Kultur. Das Eintauchen in das innere Wesen einer Kultur oder Tradition erlaubt die Rückbesinnung auf ihre erhabenen spirituellen Quellen und die Entdeckung universeller Werte inmitten des Partikularen.

Im Ewigen verwurzelte universelle Werte liegen der spirituellen Energie zugrunde, die alle großen Kulturen und Zivilisationen hervorbringt.

Eine auf diesen universellen Werten beruhende Ethik sollte durch die Interaktion mit der modernen Zivilisation entwickelt und in die Praxis umgesetzt werden. Dies ist die Aufgabe aller religiösen Menschen. Einer Religion, die das Individuum als Ganzes betrachtet und Harmonie mit der Gesellschaft und der natürlichen Umwelt anstrebt, kommt eine wichtige Rolle zu: Sie vertritt innerhalb ihrer jeweiligen Kultur und Gesellschaft universelle Werte und ermöglicht zugleich, dass jede und jeder Einzelne seine ganz persönliche Individualität hervorbringen kann.

Unger: Religion hat die große Aufgabe, Werte zu bewahren. Ist sie auf den ewigen Wert des Lebens gegründet, dient sie auch als Keimzelle für die Entwicklung von Kulturen. Indem sie sich in den Dienst der ewigen Werte stellt, bildet sie die Grundlage für eine die ganze Menschheit umfassende Kultur und trägt zum Aufbau kultureller Toleranz bei. Der Mensch leistet nur dann aus freien Stücken einen Beitrag zur Kulturentwicklung, wenn er das Leben verehrt und die gesamte Schöpfung Gottes respektiert. Ich habe höchste Achtung vor der Kraft, mit der sich das ausgedehnte Netzwerk der SGI auf der Grundlage des Wertes allen Lebens für den Aufbau einer Kultur des Friedens einsetzt. Jeder, der nach Frieden strebt, sollte den Tätigkeiten Ihrer Bewegung zustimmen.

Ikeda: Im 21. Jahrhundert müssen die Religionen offen und großzügig sein, um Sektierertum zu überwinden und gemeinsam zum Glück der Menschheit beizutragen. Um des Friedens willen müssen sie die Tiefen ihrer eigenen universellen Werte in Bezug auf das

Leben ausloten und immer wieder Dialoge im Geiste der Weltbürgerschaft führen. Das ist meines Erachtens die Rolle, die religiösen Menschen heute zufällt.

Konkret besteht die Aufgabe darin, bei jeder und jedem Einzelnen einen Geist aktiver Toleranz zu fördern. Die Mitglieder der SGI haben seit deren Gründung ihre eigene menschliche Revolution mit dem Einsatz für eine bessere Gesellschaft verbunden. Wir sind entschlossen, diesen Weg auch in Zukunft beharrlich und unbeirrt fortzusetzen.

Unger: Wenn wir uns um ein harmonisches Zusammenleben bemühen und eigenständig und frei die Toleranz zum zentralen Grundsatz machen, sind wir in der Lage, alle Menschen vorurteilsfrei zu sehen. Wie ein Lauffeuer wird sich dies vom Einzelnen auf die Familie, die Gemeinschaft, das Land und über Kontinente hinweg ausbreiten. Macht man den ersten Schritt in Richtung Frieden vom eigenen Zuhause aus, setzt man einen Prozess in Gang, der die Grundvoraussetzungen für die Ausweitung von Toleranz und Tugendhaftigkeit schafft. Deshalb erwarte ich Großes von der weiteren Entwicklung der SGI.

Ein Wunsch nach Frieden, der seinen Ausdruck in der Allgemeinen Erklärung der Menschenrechte findet

Ikeda: Die strikte Einhaltung der Menschenrechte ist unabdingbar für die Erschaffung einer dauerhaften Kultur des Friedens. Dennoch sind heute überall auf der Welt Diskriminierung und andere Menschenrechtsverletzungen weit verbreitet. Das zeigt sich besonders in dem Problemkomplex aus Terrorismus, innerstaatlichen Kriegen, Armut, Hunger sowie HIV und Aids, der Afrika plagt.

Unger: Die Umweltzerstörung, die Armut und die Kriege, die wir heute in Afrika sehen, gehören zu den größten Tragödien der

Menschheit. Die Hauptverantwortung dafür liegt bei den westlichen Großmächten und ihrer Kolonialpolitik. Als Arzt, der sich dem Schutz des Lebens verschrieben hat, schmerzt mich der elende Zustand, in dem sich Afrika derzeit befindet, ganz ungemein.

Ikeda: Hilfe für Afrika war eines der Hauptthemen des G8-Gipfels 2005 in Schottland. Zwölf Millionen afrikanische Kinder haben Berichten zufolge einen oder beide Elternteile durch HIV/Aids verloren. Diese Aids-Waisen leben auf der Straße, und ihre Armut verschlimmert sich immer weiter. Sie haben weder Nahrung noch Kleidung, werden in die Sklaverei oder an das Militär verkauft, zur Prostitution oder zum Betteln gezwungen. Die Beseitigung der Armut, die dieses Elend verursacht, ist eine wesentliche Voraussetzung für die Einhaltung der Menschenrechte im 21. Jahrhundert.

Unger: Wem die Leidenschaft für den Schutz des Lebens fehlt, dem fehlt auch die Leidenschaft für die Menschenrechte. Die Menschenrechte gehören zu unseren bedeutendsten Normen überhaupt und wurden zu einem hohen Preis errungen. Die Geschichte der Menschenrechte geht auf die europäische Säkularisierung zurück. Es muss daran erinnert werden, dass die Kirche einst das tägliche Leben vollständig beherrschte. Die Säkularisierung hat ihren Ursprung in der Französischen Revolution, und das Konzept der Menschenrechte ist ihr Enkelkind. Der Begriff der Menschenrechte ist im europäischen Kontext entstanden und hat die europäische Demokratisierung im 20. Jahrhundert erheblich erleichtert.

Sind die Menschenrechte Ihrer Meinung nach universell anwendbar und Teil einer außereuropäischen, globalen Tradition oder spiegeln sie vor allem die europäische Tradition wider, insbesondere die Tradition, die mit der Französischen Revolution begann?

Ikeda: Europa hat bei der Etablierung der Menschenrechte unbestreitbar eine wichtige Rolle gespielt. So bildete zum Beispiel die europäische Aufklärung im 18. Jahrhundert eine tragende Säule für die in der Amerikanischen und der Französischen Revolution proklamierten Menschenrechte. Im 20. Jahrhundert bemühten sich die Menschen in Europa und vielen anderen Teilen der Welt, eine solide Grundlage für die universelle Achtung der Menschenrechte zu schaffen. Der Höhepunkt dieser Bemühungen war die Allgemeine Erklärung der Menschenrechte, die 1948 auf der dritten Sitzung der Generalversammlung der Vereinten Nationen verabschiedet wurde. In dieser Erklärung ist die feste Entschlossenheit zu erkennen, alles dafür zu tun, dass sich die grausamen Menschenrechtsverletzungen, die während des Zweiten Weltkriegs begangen wurden, nicht wiederholen.

Zu den Persönlichkeiten, die wesentlich zur Ausarbeitung der Allgemeinen Erklärung beigetragen haben, gehören der ehemalige Präsident der Brasilianischen Akademie der Wissenschaften Austregésilo de Athayde (1898–1993), mit dem ich einen Dialog zum Thema Menschenrechte im 21. Jahrhundert geführt habe, der ehemalige Präsident des Europäischen Gerichtshofs für Menschenrechte in Straßburg und Träger des Friedensnobelpreises Dr. René Cassin (1887–1976) sowie Eleanor Roosevelt (1884–1962).

Herr Athayde betonte, dass die Menschenrechte Vorrang vor politischen Systemen hätten und dass sie ewig und universell gelten, wie auch frei von allen nationalen oder historischen Beschränkungen sein müssten.[28] In dem Bestreben, ihnen eine unerschütterliche Basis zu verleihen und ihre Grundlagen korrekt herzuleiten, verfolgten er und seine Co-Autoren die Geschichte der Beschäftigung mit den Menschenrechten bis zum Codex Hammurapi aus dem 18. Jh. v. Chr. zurück.[29]

Das Heilige im Menschen

Ikeda: In unserer Diskussion über die universelle Grundlage der Menschenrechte erwähnte Austregésilo de Athayde die Zehn Gebote. Ich wiederum erläuterte die Fünf Regeln und die Zehn guten Regeln, die zu den wichtigsten ethischen Grundsätzen der Buddhisten gehören. In beiden steht das Verbot, Leben zu nehmen, an erster

Stelle. Anders ausgedrückt: Sie rufen zu Gewaltlosigkeit und Respekt vor dem Leben auf. Der Buddhismus betont die Würde des Lebens, weil jedes einzelne Leben die Buddhanatur und die Möglichkeit, sie zu manifestieren, besitzt.

Wie Athayde nachdrücklich sagte: »Diese buddhistische Sichtweise gefällt mir, denn ich bin davon überzeugt, dass die Anerkennung der Würde des Menschen nur dann breite Akzeptanz finden kann, wenn wir uns des Heiligen in uns selbst bewusstwerden.«[30] Und er erklärte, dass der Buddhismus seine eigene Version von der Entstehung der Menschenrechte habe.[31]

Nichiren verkündete die dem Menschen angeborene Freiheit klar und deutlich. Obwohl er im feudalen Japan lebte und unter Repressionen durch die fanatische Staatsgewalt litt, erklärte er: »Selbst wenn es scheint, dass ich mit meinem Verhalten meinem Herrscher folge, da ich in seinem Reich geboren wurde, so werde ich ihm doch niemals mit dem Herzen folgen.«[32] Diese Worte sind der Kristallisationspunkt einer Philosophie, die die Freiheit des menschlichen Geistes preist. Sie sind in dem Buch *Birthright of Man* enthalten, das von der UNESCO anlässlich des 20. Jahrestages der Allgemeinen Erklärung der Menschenrechte zusammengestellt wurde.

Die Achtung der Menschenrechte stärkt die Welt der Toleranz, während ihre Nichtachtung dem Übel der Intoleranz Tür und Tor öffnet. Deshalb müssen die Weltreligionen samt Christentum und Buddhismus im 21. Jahrhundert ihre Anstrengungen verstärken, um aus ihren jeweiligen Denkrichtungen und spirituellen Traditionen eine philosophische Grundlage für die Menschenrechte zu schaffen.

Unger: Im 20. Jahrhundert wurde die Welt zweimal von globalen Konflikten heimgesucht. Um eine Wiederholung dieser tragischen Geschichte zu verhindern, müssen wir uns leidenschaftlich zum Wert des menschlichen Lebens bekennen und die Würde des Menschen als Gottes wunderbarer Schöpfung schützen. Im vergangenen Jahrhundert benutzte der Westen das Konzept der Menschenrechte, um die Länder des Ostblocks in Schach zu halten. Eine ehrliche Prüfung ihrer eigenen Bilanz zeigt jedoch, dass auch die westlichen

Nationen die Menschenrechte nur allzu oft verletzen. Wir müssen diesen politischen Rahmen aufbrechen und die Idee der Menschenrechte weiterentwickeln und ausdehnen. Im Zeitalter der Globalisierung müssen wir uns eine neue Sichtweise zu eigen machen, die Toleranz und Respekt für die Würde des Lebens einschließt. Wie sehen Sie die künftige Entwicklung der Menschenrechte?

Ikeda: Das Verständnis der Menschenrechte unterliegt einem starken Wandel, denn die globale Umweltproblematik oder etwa Kriegsschäden werfen Fragen auf, die von dem Konzept, wie es in der Vergangenheit verstanden wurde, nicht abgedeckt werden. Daraus ergibt sich die sogenannte dritte Generation der Menschenrechte, die sich auf Rechte in Zusammenhang mit Umwelt, Frieden, Wachstum und Entwicklung erstreckt. Diese Erweiterung soll künftig nicht nur die Rechte der Menschen in der Zukunft umfassen, sondern auch die der Pflanzen und Tiere.

Die Weiterentwicklung und Ausdehnung des Menschenrechtskonzepts erfordert einen Geist der Toleranz und Respekt für die Würde des Lebens. Außerdem brauchen wir eine klare, gut begründete Philosophie, die die Würde des Lebens genauer verdeutlicht. Wir müssen Unternehmens- und Staatsinteressen zurückstellen und Menschheitsinteressen in den Vordergrund rücken. Die Lösung von Menschenrechtsproblemen erfordert heute eine weltweite Solidarität aller Menschen. Die Menschheit muss sich zusammentun, um den nationalen, ethnischen und unternehmerischen Egoismus zu überwinden.

Unger: Das sehe ich ganz genauso. Oberste Ziele der Menschheit sind der Weltfrieden und die Verbesserung der globalen Umwelt. Die Frage der Menschenrechte bildet eine Brücke zum interkulturellen Dialog über das friedliche Zusammenleben der Menschen. Wir müssen den Ursachen für Spaltung, wirtschaftliche Diskriminierung und Ausbeutung viel größere Aufmerksamkeit schenken. Das Ausüben der eigenen Rechte ohne Rücksicht auf die Rechte anderer ist egoistisch und führt zu Umweltzerstörung und Unglück. Es ist wichtig, solche Handlungen zu vermeiden und zu verstehen, dass die Existenz anderer das eigene Selbst bereichert.

Ikeda: Wie wahr. Die eigenen Rechte zu schützen, während man die Rechte anderer mit Füßen tritt, ist inakzeptabel. Das Wort des Jahrhunderts sollte »Wir« und nicht »Ich« sein. Wir müssen dafür sorgen, dass das Zusammenleben, die gegenseitige Unterstützung und das gemeinsame Gedeihen zum Zeitgeist werden.

Unger: In diesem Sinn müssen wir, was die Menschenrechte betrifft, sozusagen einen Gang hochschalten. Wir müssen den Egoismus aufgeben, der Ausbeutung zulässt. Wir müssen unsere Menschlichkeit kultivieren, uns zu Mitmenschlichkeit erziehen und lernen, die Rechte der anderen zu achten. Ausschließliche Sorge um die Wahrung der eigenen Rechte ist Ausdruck einer engstirnigen Geisteshaltung. Unser wahres Ziel sollte sein, uns weiterzuentwickeln, zu bilden und zu beleben. Auf diese Weise können wir ohne jede Ausbeutung so leben, dass wir zugleich andere Menschen und die gesamte Schöpfung bereichern. Das führt letztlich zum Aufbau einer friedlichen Gesellschaft.

Ikeda: Die innere Entwicklung und Entfaltung der Menschlichkeit ist das Ziel der Menschenrechte und eine entscheidende Quelle von Glück. Harmonisches Zusammenleben ist unmöglich, solange jeder nur auf seine eigenen Rechte pocht und die der anderen ignoriert. Unter solchen Bedingungen ist eine Wahrung der Menschenrechte unmöglich.

Unger: Die Menschenrechte werden auch im neuen Jahrtausend noch nicht ausreichend respektiert. Während des 20. Jahrhunderts standen die individuelle Freiheit und andere Rechte im Vordergrund, denn sie ermöglichten eine Rationalisierung und die Befriedigung materialistischer menschlicher Wünsche. Mit der fortschreitenden Globalisierung sind diese Rechte jedoch nur noch Mittel zum Zweck, um unser tägliches Leben reibungslos zu gestalten. Wir geben uns damit zufrieden, dass nur noch der Einzelne auf sie pocht. Auf die Gefahr hin, missverstanden zu werden: Ich würde sagen, die Menschenrechte sind nur ein Teilaspekt auf dem Weg zur vollen Entfaltung des ganzheitlich entwickelten Menschen.

Ikeda: Der ganzheitlich entwickelte Mensch nimmt den Zustand und die Lebensumstände anderer Menschen mitfühlend wahr und ist fähig, sich selbst zu regulieren. Er versucht nie, sein eigenes Glück auf dem Unglück anderer aufzubauen.

Der österreichische Dichter Hugo von Hofmannsthal (1874–1929) schrieb einmal, dass die »eigentlich Lebenden« jene seien, die sich mit anderen identifizieren und deren Leid und Freude teilen würden.[33] Solche Personen würden sich in ihrer Beziehung zu den Menschen um sie herum nicht nur als bloße Zuschauer verhalten.[34] Der Geist der Selbstregulierung beginnt zu wirken, wenn wir erkennen, dass wir existieren, weil andere existieren, und uns für die Umwelt und die Menschen in unserem Umfeld interessieren. Wenn wir die Selbstregulierung vernachlässigen und nur auf unsere eigenen Rechte pochen, zerstören wir die Umwelt, von der wir abhängen, und gefährden damit unsere eigene Existenz. Deshalb ist die Ausbildung ganzheitlicher Persönlichkeiten, die zur Selbstregulierung und Fürsorge für andere fähig sind, unerlässlich, wenn wir ein Jahrhundert der Menschenrechte erschaffen wollen.

Ich greife den bereits erwähnten Satz von Nichiren noch einmal auf: »Die mannigfaltigen Leiden, die alle Lebewesen erfahren, sind auch Nichirens eigene Leiden.«[35] Dieser Geist des Mitgefühls und des Mitleids ist der Ursprung der SGI-Bewegung und sollte die Grundlage der Menschenrechtsphilosophie im 21. Jahrhundert bilden.

Unger: Im Grunde genommen hatten alle großen Religionsstifter – Abraham, Christus, Shakyamuni und so weiter – das friedliche Zusammenleben und das Wohlergehen der Erde und der Menschheit zum Ziel. Ihre Lehren sollen die Verwirklichung dieser Ziele fördern. Leider muss man aber sagen, dass die heutigen religiösen Anführer diese Ziele nicht immer verfolgen. Umso mehr müssen sich religiöse Menschen mit wichtigen Themen wie Frieden und globale Umwelt auseinandersetzen.

Ikeda: Es ist an der Zeit, zum Ausgangspunkt dieser großen Religionsstifter zurückzukehren, die in ihrem Bestreben, die Menschheit zu befreien, nach einem Weg suchten, die Menschen glücklich zu machen. Vor mehr als einem Jahrhundert forderte Makiguchi, dass die Menschheit den militärischen, politischen und wirtschaftlichen Wettbewerb hinter sich lassen und in einen humanitären Wettbewerb eintreten sollte. Um diesen Wandel herbeizuführen, müssen die Menschen selbst die Führung übernehmen.

Arnold Toynbee zufolge wird die Geschichte von tiefen, kaum wahrnehmbaren Unterströmungen angetrieben. Die Aktivitäten des Einzelnen und die kollektive Macht aller Einzelnen zusammengenommen erschaffen die Unterströmung eines Zeitalters. Der Mensch, der sich seiner eigenen Würde und der Würde des anderen bewusst ist, schafft den Wandel von dort aus, wo er steht.

Die Revolutionierung jedes Einzelnen und die Entwicklung ganzer Gruppen von Menschen, die zu einer solchen Initiative fähig sind, sind der Schlüssel zur Veränderung des Schicksals der Menschheit. Dies ist das grundlegende Ideal der SGI.

Wir müssen zornig und unnachgiebig alles bekämpfen, was die Würde des Lebens bedroht oder mit Füßen tritt. Zorn, der sich gegen das Böse richtet, ist gut und werteschaffend. Nichiren schrieb: »Ihr solltet verstehen, dass Ärger etwas Gutes und etwas Schlechtes sein kann.«[36]

Kämpft man gegen das Böse, entwickelt man das Gute in sich selbst und in den anderen. Die Achtung der Menschenrechte ist kein abstraktes Konzept. Sie kann nicht durch Gesetze erreicht oder durch irgendein System aufrechterhalten werden. Sie muss aus dem unablässigen Kampf gegen die Ungerechtigkeiten hervorgehen, die die Würde des Lebens mit Füßen treten. Ich glaube, dass ein neues Jahrhundert der Menschenrechte anbricht, wenn sich die einfachen Menschen ihrer universellen Würde bewusst werden, die aktuellen

Probleme anpacken und miteinander in einen humanitären Wettbewerb treten.

Frieden beginnt im eigenen Zuhause

Ikeda: Ich bin überzeugt, dass ein Jahrhundert des Friedens zugleich ein Jahrhundert der Frauen bedeutet. Denn Frauen sollten und müssen eine wichtige Rolle bei der Erschaffung einer Kultur des Friedens spielen. Natürlich bin ich gegen eine strikte Rollenzuweisung aufgrund des Geschlechts. Das Wichtigste ist, dass Männer und Frauen gleichermaßen glücklich sind. Die Zuweisung einiger Rollen ausschließlich an Männer und anderer ausschließlich an Frauen führt zu Unglück und setzt falsche Prioritäten.

Unger: Ich erwarte Großes von Frauen in der Friedensarbeit. Und ich stimme mit Ihnen überein, dass es ein Fehler ist, die Rollen rein geschlechtsspezifisch zu verteilen. Die Menschheit besteht aus Männern und Frauen, und beide gemeinsam legen das Fundament für die Zukunft. Die Heilige Schrift legt die Rolle der Frau nicht ausreichend dar. Abgesehen davon geht die christliche Lehre davon aus, dass Gott den Menschen als Mann und Frau erschaffen und ihnen sowohl die Selbstunterweisung als auch die Unterweisung anderer anvertraut hat. Beide Geschlechter besitzen eine unvergleichliche Würde und müssen für die Achtung der Würde allen Lebens arbeiten.

Ikeda: Dem stimme ich zu. Shakyamuni lebte in einer Zeit, in der Frauen weitgehend verachtet wurden. Trotzdem hat er sie nie diskriminiert. Er nahm sie in den Orden auf, wo sie auch nach seinem Tod noch eine aktive Rolle spielten. Nichiren warnte vor mehr als 700 Jahren rigoros vor der Ungleichheit der Geschlechter, denn er war überzeugt, dass sowohl Männer als auch Frauen eine edle Aufgabe hätten: »Ob Mann oder Frau, es sollte kein Unterschied gemacht werden zwischen all jenen, die die fünf Schriftzeichen *Myōhō-*

Renge-Kyō in der Spätzeit des Gesetzes verbreiten.«[37] Das wertvollste System ist sicherlich jenes, das Männern wie Frauen die Möglichkeit gibt, zu Hause, am Arbeitsplatz und in der Gesellschaft ihre individuellen Eigenschaften gleichberechtigt und mit gegenseitigem Respekt voll zur Geltung bringen.

Die Charta der Toleranz Ihrer Akademie beklagt in ihrer Präambel die gegenwärtige Situation: »Gefährdet wird die Familie, die ihrer Aufgabe als stabiler Kern der menschlichen Gemeinschaften immer weniger gerecht werden kann.«[38] Meine persönliche Erfahrung hat mich gelehrt, dass Familie und Freundschaft die treibende Kraft für ein starkes soziales Engagement des Einzelnen sind. Das Zuhause bildet die Grundlage der menschlichen Beziehungen, und Frauen spielen dort eine wichtige Rolle.

Unger: Gelebte gesellschaftliche Solidarität ist ohne ein Zuhause nicht möglich. Aber heutzutage verlieren Familie und Heim ihre Kraft, die Gesellschaft zu stabilisieren und Solidarität zu schaffen.

Ikeda: Das Zuhause ist die kleinste, wichtigste soziale Einheit. Ohne Stabilität in der Familie gibt es keine stabile Gesellschaft. Der Psychologe Erich Neumann (1905–1960) hat einmal geschrieben, dass für das Männliche ebenso wie für das Weibliche Ganzheit erst dann erreichbar sei, wenn in einer Verbindung der Gegensätze Tag und Nacht, Oberes und Unteres, patriarchales und matriarchales Bewusstsein zu der ihnen eigentümlichen Produktivität gelangen und sich gegenseitig ergänzen und befruchten.[39] So entsteht ein stabiles Zuhause. Kinder sehen die Familie als sicheren Hafen an, wenn die Eltern versuchen, die Dinge aus Sicht der Kinder zu sehen und deren Sorgen und Freuden zu teilen. So prägen sie den Nachkommen ihre optimistische, aufgeschlossene Haltung gegenüber ihrem Umfeld und der Gesellschaft ein, was wiederum zu einer treibenden Kraft für den sozialen Zusammenhalt wird.

Eleanor Roosevelt war der Meinung, die universellen Menschenrechte begännen im Kleinen, im Umkreis des eigenen Heims.[40] In der Tat ist das Zuhause der Ort, an dem der Geist der Toleranz und das Bewusstsein für die Menschenrechte entstehen und gedeihen.

Unger: Frauen spielen aufgrund ihrer einzigartigen Eigenschaften die Hauptrolle für den Aufbau und die Erhaltung stabiler Familien. Obwohl die Männer in den letzten Jahren zunehmend mithelfen, war die Kindererziehung schon immer ein Bereich, in dem die Frauen einen großartigen gesellschaftlichen Beitrag geleistet haben. Ich frage mich oft, warum ihre wunderbare Arbeit auf diesem Gebiet nicht die Anerkennung findet, die sie verdient.

Ikeda: Als ich 1997 Ihre Familie kennenlernte, gab mir Ihre Frau Monika einen Einblick in ihr Verhalten als Partnerin. Sie sagte, sie habe sich über zwanzig Jahre um die Kinder gekümmert, ohne sich jemals als Opfer gefühlt zu haben. Im Umkehrschluss empfinden sich vielleicht die Kinder von Eltern, die sich in ihrer Elternrolle ungerecht behandelt fühlen, ebenfalls als Opfer.

Die amerikanische Zukunftsforscherin Hazel Henderson (1933–2022), mit der ich einen Dialog geführt habe [der unter dem Titel *Planetary Citizenship* veröffentlicht wurde], ist für ihr Konzept der Liebesökonomie bekannt: Frauen unterstützen die Unternehmensökonomie, indem sie den Haushalt führen, Kinder aufziehen, kranke Angehörige pflegen und gemeinnützige Arbeit leisten. Obwohl das, was sie real beitragen, die Hälfte der Gesamtmenge an Gütern und Dienstleistungen ausmacht, wird ihre Arbeit weder in das Bruttosozialprodukt (BSP) eingerechnet noch entlohnt. Dr. Henderson forderte, dass diese Liebesökonomie das BSP als Messgröße ersetzen sollte. Ihre Theorie wirft nicht nur ein Licht auf den gesellschaftlichen Beitrag der Frauen, der bisher von den Wirtschaftswissenschaften ignoriert wurde, sondern auch auf die Bedeutung der Fürsorge, des Teilens sowie der Wertschätzung des Lebens und der Natur.

Unger: Heutzutage müssen viele Frauen ihre Pflichten als Mutter mit ihrer außerhäuslichen Arbeit in Einklang bringen. Abgesehen von der biologischen Rolle, Leben zu geben und zu nähren, kommt ihre gesellschaftliche Rolle nach wie vor nicht genügend zur Geltung.

Ikeda: Wir müssen die Kraft der Frauen gerecht gewichten und nicht nur ihre Meinung, sondern auch die verschiedenen Rollen, die sie einnehmen, angemessen würdigen. Der indische Dichter Rabindranath Tagore (1861–1941) war der Auffassung, Frauen besäßen eine größere innere Vitalität und Widerstandskraft als Männer[41] und ihr Beitrag sei für die Erschaffung einer spirituell geprägten Zivilisation unverzichtbar.[42] Angesichts der gegenwärtigen, von Männern dominierten Zivilisation, die auf Stärke basiert, hoffte er, dass die Frauen mit ihrer Kraft eine Zivilisation der Seele kultivieren würden, die auf Mitgefühl gegründet ist. Er schrieb: »Die Zivilisation der Zukunft wird hoffentlich nicht nur auf wirtschaftlichem und politischem Wettbewerb und auf Ausbeutung beruhen, sondern auf der Zusammenarbeit der Gesellschaften weltweit und dem geistigen Ideal der Gegenseitigkeit statt dem wirtschaftlichen Ideal der Effizienz. Und darin werden auch die Frauen ihren wahren Platz haben.«[43]

Auch Gandhi verlieh seiner Überzeugung, dass Frauen den Schlüssel zur Erschaffung einer gewaltfreien Welt in der Hand halten, klar und deutlich Ausdruck. Er erklärte: »Wenn mit Stärke moralische Macht gemeint ist, dann ist die Frau dem Mann unermesslich überlegen […] Wenn Gewaltlosigkeit das Gesetz unserer Existenz ist, liegt die Zukunft bei der Frau.«[44]

Geht es darum, Leiden zu verstehen und zu lindern, sind Frauen am besten gerüstet, denn im Laufe der Geschichte haben sie in Zeiten von sozialen Unruhen, Krieg, Gewalt, Unterdrückung, Rechtlosigkeit, Hungersnöten und Seuchen am meisten gelitten. Das Verantwortungsgefühl für die Zukunft der Kinder verleiht ihrer Stimme große Kraft. Ich glaube, dass im 21. Jahrhundert die Aktivitäten und Beiträge der Frauen in vielen Bereichen zuerst die Gesellschaft und dann die ganze Zivilisation reformieren werden. Ich denke, dass Frauen im Grunde genommen Pazifistinnen sind, denn sie besitzen Mitgefühl gegenüber dem Leben und wollen es beschützen.

Das Beispiel der österreichischen Schriftstellerin und Friedensaktivistin Bertha von Suttner (1843–1914) zeigt, welch große, geschichtsverändernde Leistungen eine einzelne Frau vollbringen kann, die aufrichtig dem Frieden verpflichtet ist. Ihr Antikriegsroman *Die Waffen nieder* (1889) hatte eine enorme Wirkung auf die Leserschaft. Trotz Missverständnissen und Verleumdungen schrieb sie entschlossen weiter und hielt Vorträge, um die Menschen für die Sache des Friedens zu gewinnen und zusammenzubringen. Ihrem Einfluss auf Alfred Nobel ist es zu verdanken, dass dieser den Friedensnobelpreis ins Leben rief. Und als bei einer Friedenskonferenz an der Universität Wien – Ihrer Alma Mater – ein Diskutant argumentierte, der Einzelne sei nicht in der Lage, die Geschichte zu verändern, behauptete sie energisch das Gegenteil. Sie selbst war ein lebender Beweis dafür.

Selbstverständlich kann jeder Erwachsene, ob Mann oder Frau, der sich für die Zukunft verantwortlich fühlt und etwas dafür tun will, für die Beendigung einer Kultur des Krieges und für die Erschaffung einer Kultur des Friedens zur treibenden Kraft werden.

Unger: Sehr richtig. Um des allgemeinen Friedens und Wohlstands willen und bei dem Nachdenken über die Rolle von Männern und Frauen müssen wir ganzheitlich denken. Unsere Existenz ist das Ergebnis der gemeinsamen Bemühungen beider Geschlechter. Ob Mann oder Frau, uns allen fällt eine Rolle zu, die uns vom Schicksal zugewiesen wird. Wenn wir sie annehmen, können wir persönliche Entwicklung und Triumph erleben.

Humanistische Erziehung

Ikeda: Humanistische Erziehung ist die Grundlage für eine Kultur des Friedens. Große Besorgnis hat in den letzten Jahren die steigende Zahl grausamer Verbrechen ausgelöst, die von immer jüngeren Menschen verübt werden. Die Tendenz, in einer hauptsächlich auf Effizienz und Materialismus ausgerichteten Gesellschaft das Leben geringzuschätzen, trägt wesentlich zu dieser Entwicklung bei. Erziehung hat eine enorme Kraft; sie ist von großer Bedeutung, wenn wir das zwingende Ziel erreichen wollen, die besorgniserregende Tendenz zu abscheulichen Verbrechen und überhandnehmender Gewalt zu stoppen.

Unger: In Europa ist die Situation ganz ähnlich. Wie ich bereits gesagt habe, erleben wir eine starke Säkularisierung, die die Kirche an den Rand drängt; ihre Stimme wird kaum noch gehört. Die Menschen haben das Gebot »Du sollst nicht töten« vergessen. Wertkriterien, die allen Religionen gemeinsam sind, gehen verloren und werden durch übermächtige materialistische Werte ersetzt. Die Globalisierung der Massenmedien und die Homogenisierung der Welt verstärken diesen Trend noch weiter. Das Ergebnis sind mangelnde Achtung vor dem Leben und eine zunehmende Zahl von Tötungsdelikten. Das alles hat mit Erziehung zu tun.

Ikeda: Ich stimme Ihnen zu. Erziehung ermöglicht es, die Zukunft der jungen Menschen, der Gesellschaft und ganzer Länder zu gestalten. Aber das japanische Bildungs- und Erziehungswesen steht heute vor gewaltigen Problemen: Nichterscheinen zum Unterricht, Schulabbruch, Zusammenbruch des Schulklassensystems. Diese Probleme sind wahrscheinlich in vielen Teilen der Welt zu finden. Was denken Sie darüber?

Unger: Ich lehre Medizin und habe eine sehr einfache Grundprämisse: Ich betrachte meine Studierenden als meine Kinder. Väter und Mütter wollen, dass ihre Kinder die bestmöglichen Erfahrungen machen. Daher besteht ihre wichtigste Aufgabe darin, dafür zu sorgen, dass ihre Kinder Erfahrungen machen, die ihre Entwicklung fördern.

Ikeda: In Ihrem Ansatz, die Studierenden als Ihre Kinder zu betrachten, finde ich genau das wieder, was Erziehung im besten Sinn ausmacht. Die wertvollsten Erfahrungen bieten das Spielen im Freien und der Kontakt zu anderen Kindern. In den modernen Industriestaaten verbringen die Kinder jedoch viel zu viel Zeit allein in ihren Zimmern, am Computer und mit Videospielen.

Unger: Da haben Sie leider recht. In der heutigen Informationsgesellschaft stürmt so viel auf die Kinder ein; besonders durch die Massenmedien. Die Szenen schrecklichster Gewalt, die tagtäglich die Bildschirme fluten, fordern eindeutig einen erzieherischen Tribut. Darstellungen von Terroranschlägen und Serienmorden sind mittlerweile etwas völlig Normales.

Ikeda: Zweifellos gibt es auch einige hochwertige Fernsehprogramme, die die Sensibilität der Kinder fördern und bereichern. Aber gewalttätige, aggressive visuelle Reize, die Feindseligkeit und Wut hervorrufen, stumpfen Fantasie und Empathie ab. Lässt man zu, dass Kinder sich auf eine Umgebung beschränken, in der sie nichts anderes tun, als passiv Bilder aufzunehmen, schwächt das ihre Fähigkeit, aktiv zu denken, zu urteilen, zu lieben und Mitgefühl zu empfinden.

Ein lebendiges Familienleben und gute Lektüre, einschließlich der Klassiker der Weltliteratur, können eine Barriere bilden, die sie vor den verderblichen Einflüssen der allgegenwärtigen virtuellen Realitäten schützt. Lesen ist eine große geistige Bereicherung für die Kinder. Es bietet intellektuelle Herausforderungen und hilft ihnen, aus der riesigen Masse an Medieninformationen zu wählen, ihr eigenes aktives Urteilsvermögen zu schulen und die Vorstellungskraft zu entwickeln, aus der Einfühlungsvermögen entsteht.

Unger: Kinder leben heute in einer Welt, die geprägt ist von Intoleranz, Krieg und Aggression. Um diesen Einflüssen entgegenzuwirken, ist das Lesen guter Bücher, die ein gesundes Urteilsvermögen und die Vorstellungskraft fördern, wichtiger denn je. Ebenso ist die Stärkung der Familie eine Möglichkeit, den schlechten Einfluss der Massenmedien zurückzudrängen. Das klingt vielleicht unrealistisch, denn die Medien sind in mancher Hinsicht einflussreicher als Eltern und Familie. Dennoch müssen Eltern auch weiterhin als Vorbilder fungieren und auf gute Bildung und Erziehung setzen.

Ikeda: Kinder sind der Spiegel der Gesellschaft, ein Abbild ihrer Zeit im Kleinen. Die heutigen Probleme mit abnormen jugendlichen Verhaltensweisen wurzeln darin, dass der erzieherische Einfluss von Familie, Umfeld und Schule immer geringer wird. Wenn wir über Erziehungsfragen nachdenken, müssen wir Erwachsenen uns auch selbst in diesem Spiegel betrachten und immer wieder nach Möglichkeiten suchen, uns zu korrigieren. Wie Sie sagen, tragen Erwachsene, die mit gutem Beispiel vorangehen, dazu bei, die Erziehung zu stärken.

Der Ursprung der Soka-Erziehung

Unger: Was sind die Ursprünge der Soka-Erziehung?

Ikeda: Die Soka-Pädagogik oder Werte schaffende Pädagogik begann mit den humanistischen Erziehungsansätzen von Tsunesaburo Makiguchi. In seiner Zeit als Leiter einer Grundschule setzte er diese Ansätze in die Praxis um und entwickelte sie zu einem System weiter. Dabei betonte er stets, dass das Ziel der Erziehung das Glück der Kinder sein müsse. Es war die Hochphase des japanischen Militarismus, der alle Bildungseinrichtungen für die Ausbildung der kaiserlichen und militaristisch-nationalistischen Jugend mobilisierte. Makiguchi wollte aber nicht, dass Kinder den Bedürfnissen der Gesellschaft geopfert werden; er wollte jedem Kind zu einem glücklichen Leben mit grenzenlosen Möglichkeiten verhelfen. Dieser Wunsch ist die Grundlage für alle Aspekte der Werte schaffenden Pädagogik.

Makiguchi schrieb:

> Wichtig ist, dass man sich das Wohlergehen und den Schutz aller Menschen zum Ziel setzt. Dazu gehört man natürlich auch selbst, aber es darf nicht vornehmlich um das Eigeninteresse gehen. Das Ziel ist vielmehr das Wohlergehen der anderen, und dabei wählt man Wege, die dem Nutzen der anderen wie auch dem eigenen dienen. Es ist ein bewusstes Bemühen, ein harmonischeres Gemeinschaftsleben zu schaffen.[45]

Man könnte also sagen, das grundlegende Ziel der Soka-Erziehung besteht darin, sowohl das eigene Glück wie das der anderen zu fördern und Menschen zu erziehen, die dazu ebenfalls in der Lage sind.

Unger: Makiguchi trat als Gründer der Soka Gakkai für eine Werte schaffende Erziehung ein und zeigte, wie es mithilfe des Glaubens gelingen kann, die Herausforderungen des Lebens zu meistern. Die Art und Weise, wie er humanistische Erziehung verstand, ist wesentlich für die Heranbildung von Weltbürgern, das heißt Menschen, die im globalen Maßstab denken und handeln.

Wie fördert das weltweite Soka-Bildungsnetzwerk eine solche Erziehung?

Ikeda: Die Soka Junior und Senior High School in Tokio bilden den Ausgangspunkt des heutigen Soka-Bildungs- und Erziehungsnetzwerks. Anlässlich ihrer Eröffnung 1968 legte ich die folgenden fünf Leitlinien als Ziele für eine humanistische Erziehung fest:

1. Sei ein weiser, leidenschaftlicher Mensch, der immer nach der Wahrheit strebt und Werte schafft.
2. Verursache niemals anderen Probleme und übernimm stets die Verantwortung für dein Tun.
3. Sei anderen gegenüber freundlich und höflich, lehne Gewalt ab und schätze Vertrauen und Harmonie.
4. Bringe deine Überzeugungen zum Ausdruck und setze dich mutig für Gerechtigkeit ein.
5. Pflege einen aktiven Geist und entwickle dich zu einer ehrenhaften Führungspersönlichkeit in Japan und der Welt.

Mit Blick auf das 21. Jahrhundert habe ich fünf weitere Leitlinien vorgeschlagen:

1. Anerkennung der einzigartigen Würde, die jedem Leben innewohnt,
2. Respekt vor der Persönlichkeit des Einzelnen,

3. tiefe Freundschaft, die ein Leben lang hält,
4. Ablehnung von Gewalt,
5. die Bedeutung des Intellekts und die Notwendigkeit, intellektuell zu sein.

Dank des unermüdlichen Einsatzes aller Lehrkräfte und Mitarbeitenden sowie des Bewusstseins der Schüler über diese Grundsätze und Prinzipien lassen sie sich zu meiner großen Zufriedenheit tatsächlich verwirklichen.

Unger: Das sind alles wichtige Leitlinien.

Ikeda: Seit Gründung der Soka Junior und Senior High School in Tokio wird von den Schülern das folgende Schullied gesungen:

> Zu welchem Zweck verfeinern wir unsere Weisheit?
> Zu welchem Zweck sind wir leidenschaftlich?
> Zu welchem Zweck lieben wir andere?
> Zu welchem Zweck streben wir nach Ruhm?
> Zu welchem Zweck arbeiten wir für den Frieden?

Eine Vernachlässigung der grundlegenden Ziele, die in diesen Zeilen verankert sind, kann dazu führen, dass Menschen außer Kontrolle geraten und die Gesellschaft aus dem Ruder läuft. Es ist traditionell Teil der Soka-Erziehung, dass man seine Lebensanschauung durch ständiges Hinterfragen der eigenen Ziele vertieft, durch das, was man in der Jugend tut, seine persönliche Geschichte schreibt und mutig den eigenen Lebensweg einschlägt.

Bei der ersten Eintrittsfeier der Soka Junior und Senior High School in Kansai, die ursprünglich als Mädchenschulen gegründet wurden, stellte ich eine weitere Leitlinie auf: Man sollte sein Glück nicht auf dem Unglück anderer aufbauen. Ich sagte auch, dass die Soka-Schulen im Vergleich zur Welt so klein sein mögen wie ein Mohnsamen, dass aber ihr Einfluss letztendlich auf dem ganzen Globus zu spüren sein wird, wenn die Schülerinnen diesem Ideal treu bleiben und die Leitlinien der Schule umsetzen. Denn das grundlegende Prinzip für dauerhaften Frieden ist immer gleich und universell gültig. Ich habe dies gesagt, weil ich möchte, dass die Schülerinnen stark und weise werden und – wohin sie auch gehen – dazu beitragen, Glück und Frieden für alle zu schaffen.

Unger: Das kann ich sehr gut nachvollziehen.

Ikeda: Von den Mitgliedern des Lehrkörpers der Soka-Schulen und der Soka-Universität erwarte ich, dass sie herausragende Pädagogen sind, einen vorzüglichen Charakter haben und die Entschlusskraft besitzen, sich immer weiter zu verbessern. Außerdem sollen sie eine Bildungseinrichtung erschaffen, in der die Schüler an erster Stelle stehen. Aus Sicht der Studierenden bilden die Lehrkräfte selbst das beste pädagogische Umfeld. Es ist ein Grundprinzip der humanistischen Soka-Erziehung, dass die Lehrkräfte ihre Schüler genauso wertschätzen wie die eigenen Kinder. Ich möchte, dass sie jene Art von Lehrern sind, an die sich Schüler auch später noch gerne erinnern und deren Herzlichkeit sie schätzen; jene Art von Lehrern, die die Sympathie der Schüler gewinnen und denen sie ihre eigenen Leistungen zuschreiben werden.

Kurz nach der Eröffnung, im Jahr 1970, besuchte Graf Richard Coudenhove-Kalergi die Soka Junior und Senior High School, um mit den Schülern zu sprechen und sie zu ermutigen. Er schrieb einmal, dass der Umgang mit gütigen und edlen Menschen mehr bildet und veredelt als alles andere.[46]

Unger: Ich weiß aus eigener Erfahrung, wie wichtig gute Lehrer für eine humanistische Erziehung junger Menschen sind. Eine umfassende, intensive Interaktion der gesamten Persönlichkeit von Lehrer und Schüler verbessert das geistige, physische und seelische Gleichgewicht der Kinder.

Ikeda: Thomas Arnold (1795–1842), Rektor der berühmten englischen Privatschule Rugby, schrieb einmal, nicht der Name, sondern die Qualität der Lehrer entscheide über den Erfolg oder Misserfolg einer Schule. Er war fest davon überzeugt, dass die Entwicklung der Persönlichkeit der Schüler sowohl vom Einfluss der Lehrer auf die Schüler als auch vom Einfluss der Schüler untereinander abhängt.[47]

Humanistische Erziehung ist Bildung und Veredlung des Charakters als Ergebnis persönlicher Interaktionen zwischen Schülern und Lehrern, die ihre Schützlinge mit elterlicher Zuneigung betrachten. Da es die Lehrer sind, die die Grundzüge dieser Erziehung festlegen, muss eine Bildungsrevolution auch eine Revolution bei den Lehrkräften mit sich bringen.

Unger: Ihre Worte helfen mir zu verstehen, warum die Soka-Schüler und -Studierenden so außerordentlich hoffnungsfroh wirken. Kinder sind unser kostbarster Schatz, darum müssen wir ihre Lehrkräfte sehr sorgfältig auswählen. Darauf wird heutzutage, so scheint es, allerdings kein besonderer Wert gelegt.

Ich persönlich würde, hätte ich an dieser Stelle Entscheidungsbefugnis, gerade den Schulen maximale Aufmerksamkeit widmen. Wir müssen die Kinder zu einer globalen Sichtweise erziehen. Humanistische Erziehung befähigt sie, die Welt klar und deutlich wahrzunehmen, und zwar nicht nur die materiellen, sichtbaren Dinge zwischen Himmel und Erde, sondern auch die intuitiv geistigen Werte. Kinder, die die Welt aus einer ganzheitlichen Perspektive heraus verstehen, können lernen, ihren Beitrag zum Wohlergehen der gesamten Menschheit zu leisten. Humanistische Erziehung verleiht den wichtigen Ideen der klassischen naturwissenschaftlichen Bildung eine neue Bedeutung, wodurch die Wissenschaft ihren Nutzen für die Menschheit steigern kann.

Ikeda: Ich bin ganz Ihrer Meinung. Das beste Wissen ist ohne seine weise Nutzung zum Wohl der Menschen nicht bloß nutzlos, sondern potenziell sogar gefährlich. Josei Toda pflegte zu sagen, der größte Irrtum des modernen Menschen bestehe darin, Wissen mit Weisheit zu verwechseln. Einerseits kann Wissen zu Massenvernichtungswaffen führen. Andererseits kann es unleugbar auch zu enormen Annehmlichkeiten und industriellem Reichtum führen. Humanistische

Erziehung ist dringend notwendig, um Wissen in Richtung Glück und Frieden lenken zu können. Die Aufgabe, durch humanistische Erziehung ausreichend Weisheit zu entwickeln, damit die immensen Mengen an Wissen und Informationen zum Wohl der Menschheit eingesetzt werden, wird in den kommenden Jahren zunehmend an Bedeutung gewinnen.

In jedem Fall wird die innere Entwicklung des Einzelnen zweifellos einen Wandel in dessen Umfeld bewirken und ebenjene transformative Kraft unter den Menschen allgemein freisetzen, die die öffentliche Meinung weltweit lenken und formen kann. Führt dies zu einem breiten Strom des Friedens, wird eine reichhaltige Kultur des Friedens erblühen. Im Jahr 2007 werden wir den 50. Jahrestag von Josei Todas Aufruf gegen Atomwaffen feiern. Wir von der SGI sind entschlossen, einen großen Wandel von einer Kultur des Krieges hin zu einer Kultur des Friedens herbeizuführen, und scheuen keine Mühe, Bildungsarbeit zu Abrüstung und Menschenrechten zu fördern.

Kapitel 4

Umwelt und Bildung

Ikeda: Die Umweltprobleme, mit denen wir konfrontiert sind, erfordern dringende Maßnahmen. Unablässig hören wir Warnungen vor den zerstörerischen Auswirkungen der globalen Erwärmung, verursacht unter anderem durch die Kohlendioxidemissionen der Industrie. Und die zunehmende Luftverschmutzung führt zu einem Abbau der Ozonschicht, die die Erde vor gefährlichen kosmischen Strahlen schützt. Das Ungleichgewicht zwischen Mensch und Natur löst eine Krise aus, die nicht nur die Menschheit betrifft, sondern den gesamten Planeten.

Unger: Unser Verhältnis zu unserer Erde ist schockierend. Wir müssen begreifen, in welchem Ausmaß unser Planet ausgebeutet wird, wie sehr wir unsere natürlichen Ressourcen verschwenden, wie sehr wir das Wasser verschmutzen und die Luft verpesten. Wir haben nur diese eine Erde – nur eine Umwelt, in der wir leben können – und wir alle teilen die Sorge um ihre mögliche Zerstörung.

Ikeda: Sehr richtig. Ab der zweiten Hälfte des 20. Jahrhunderts, als sich weltweit Probleme zu zeigen begannen, begriffen wir endlich das Ausmaß und die Tragweite der Umweltschäden. Uns wurde klar, dass die natürlichen Ressourcen, die wir so ungehemmt ausplündern, doch nicht unbegrenzt sind.

Unger: Ein größeres Bewusstsein für die globale Krise kann unser Verantwortungsgefühl für die Zukunft stärken. Den Planeten zu retten bedeutet, alles Leben zu retten. Darin liegt die höchste Gerechtigkeit, und wir sollten sie nicht untergraben. Allerdings muss man fairerweise auch daran erinnern, dass in den letzten 15 Jahren in Europa sehr viel erreicht wurde. Ich denke dabei an die Eindämmung der Umweltverschmutzung, insbesondere der Wasserverschmutzung. Ehemals stark belastete Gewässer sind heute wieder so sauber, dass man darin baden kann.

Ikeda: Ein Beispiel mit Symbolkraft. Auch in Japan hat sich die Wasserqualität in letzter Zeit so weit verbessert, dass in vielen der zuvor verschmutzten Flüsse wieder Fische leben.

Unger: Ebenso beispielgebend ist die erhöhte Aufmerksamkeit, die dem Tierschutz gewidmet wird. Aber wir haben nach wie vor ein riesiges Problem: die weltweite Armut. Die einzige Möglichkeit, diese zu bekämpfen, besteht darin, den armen Ländern ihre Schulden zu erlassen und sie nicht mehr auszubeuten. Dies ist übrigens eine alte biblische Empfehlung.

Ikeda: Zu den größten Problemen, um die wir uns kümmern müssen, wenn wir die derzeitige globale Umweltzerstörung aufhalten wollen, gehören die unregulierte Abholzung von Wäldern in Entwicklungsländern und die zunehmende Degradation von Anbauflächen. Interessenkonflikte zwischen Entwicklungs- und Industrieländern erschweren die Situation noch zusätzlich.

Auf dem Weltgipfel für nachhaltige Entwicklung 2002 in Johannesburg stellten die Entwicklungsländer das Recht der Industriestaaten infrage, eine Konsumkultur zu fördern und gleichzeitig von ihnen zu verlangen, dass sie sich mit der Armut abfinden. Mit anderen Worten: Es gab eine Auseinandersetzung um die Frage, wie Wirtschaftswachstum und Umweltschutz in Einklang gebracht werden können.

Unger: Die enorme Kluft zwischen dem wohlhabenden Norden und dem verarmten Süden ärgert mich furchtbar. Was sich in Afrika abspielt, ist eine einzige Tragödie, und der Westen hat sie mitverursacht. Wie der Gipfel von Johannesburg gezeigt hat, bleiben alle Versprechen, etwas dagegen zu tun, nur leeres Gerede, solange der Raubbau ungebremst weitergeht.

Ikeda: Die einzige Möglichkeit, das Problem des Ungleichgewichts zwischen Entwicklung und Umwelt zu lösen, besteht darin, dass die Industrienationen über den eigenen Tellerrand hinausblicken und eine globale Sichtweise einnehmen.

Unger: Absolut einverstanden. Die westlichen Industriestaaten mit ihren hegemonialen, autoritären Ansichten sind nicht bereit, einen globalen Ansatz zur Verbesserung der Umwelt und wirtschaftlichen Gesundung der Entwicklungsländer zu verfolgen. Es gibt unter ihnen nach wie vor welche, die das, was aus der Kolonialzeit übriggebliebenist, beherrschen wollen.

Ikeda: Solange die Industriestaaten ihre Vorgehensweise nicht ändern, wird sich das globale Umweltproblem mit Sicherheit noch verschärfen.

Unger: Zugleich glaube ich aber, dass im 21. Jahrhundert ein grundlegender Paradigmenwechsel im Hinblick auf unsere Wertvorstellungen stattfinden wird: von Macht- und Herrschsucht auf die Bereitschaft zu sinnvollem Handeln. Sinnvolles Handeln bedeutet, sich von unmittelbaren Eigeninteressen und materiellem Verlangen zu lösen und in sich selbst durch bewusstes Bemühen um Disziplin und Entwicklung der Persönlichkeit ein stabiles menschliches Fundament zu erschaffen.

Ikeda: Anstatt uns von der Begierde beherrschen zu lassen, müssen wir uns höheren Werten verschreiben und nach einer inneren Veränderung sowie Vervollkommnung unseres Lebens streben.

Unger: Wenn die Industriestaaten sich diese Werte zu eigen machen und sowohl die Umweltprobleme als auch die wirtschaftliche Erholung der Entwicklungsländer auf globaler Ebene angehen, wird sich der Zustand der Umwelt überall auf der Erde deutlich verbessern.

Ikeda: Der Schlüssel zur Lösung liegt in einer Änderung unserer Wertkriterien. Der Nichiren-Buddhismus lehrt, dass die Schätze in einem Lagerhaus (wirtschaftlicher Wohlstand) weniger wichtig sind als die Schätze des Körpers (Talente und soziale Stellung), am wichtigsten aber die Anhäufung der Schätze des Herzens (Tugenden und Glück) durch altruistisches Handeln ist. Wahres Glück ist weder durch persönlichen Reichtum noch durch soziale Stellung zu erlangen. Unser Ziel sollte vielmehr sowohl unser eigenes Glück als auch das der anderen sein. Dieses können wir fördern, indem wir unsere Menschlichkeit polieren und uns immer weiter entwickeln und die Gier nach Macht, Status und materiellem Reichtum überwinden.

In *Jinsei chirigaku* (Eine Geografie des menschlichen Lebens), das 1903 veröffentlicht wurde, blickte Tsunesaburo Makiguchi ein Jahrhundert voraus, als er vorschlug, dass die Menschheit vom militärischen, politischen und wirtschaftlichen Wettbewerb zu einem Zeitalter des humanitären Wettbewerbs übergehen sollte. Was ihm vorschwebte, deckt sich ziemlich gut mit dem von Ihnen angesprochenen Paradigmenwechsel in unserem Wertekanon.

Unger: Dem Westen fehlt die spirituelle Erdung, stattdessen hat er sich einem sturen Materialismus verschrieben. Dies spiegelt sich in der Verschlechterung der Umweltsituation und fehlender Zukunftsplanung wider. Wie sieht man das im Buddhismus?

Ikeda: Im Zusammenhang mit der Beziehung zwischen Mensch und Umwelt lehrt der Nichiren-Buddhismus: »Wenn das Herz der Lebewesen unrein ist, so ist auch ihr Land unrein; doch wenn ihr Herz rein ist, so ist es auch ihr Land.«[48] Übertragen bedeutet dies: Ist das menschliche Leben von Gier, Feindseligkeit und Egoismus geprägt, werden diese Übel die soziale Umwelt negativ beeinflussen und ökologische Schäden anrichten. Ist das menschliche Herz hingegen von Liebe, Gewaltlosigkeit und Ehrfurcht vor der Natur erfüllt, werden diese guten Eigenschaften das menschliche Handeln mit der natürlichen Welt in Einklang bringen und ein harmonisches soziales Gefüge schaffen. Der Glaube liefert die Kraft, die das gute Herz triumphieren lässt.

Wie Sie schon sagten, bedeutet eine Ablehnung des Glaubens zugleich die Ablehnung alles Transzendenten und Heiligen. Dies untergräbt unsere Kraft, das Böse in uns zu kontrollieren, und führt letztlich zur Zerstörung der Umwelt. Ein Materialismus, der nicht an die Zukunft denkt, läuft auf eine Ablehnung alles Spirituellen und jeglicher Ethik hinaus; das Gute wird geschwächt und unsere innere Schlechtigkeit gestärkt.

Unger: Der Arzt oder Wissenschaftler muss im Umgang mit dem Leben Ehrfurcht und Respekt zeigen, und beides wächst mit zunehmendem Wissen über den Zusammenhang zwischen Natur und Leben.

Ikeda: Grundlage aller Religionen ist die Ehrfurcht vor dem Leben. Es ist die Aufgabe von Religion, das Gefühl der Ehrfurcht vor dem Leben zu kultivieren. Dies muss die absolute und universelle Basis unseres Denkens und Handelns im 21. Jahrhundert sein, denn irgendetwas anderes höher als das Leben einzustufen führt unweigerlich zu Unterdrückung. Darüber hinaus berühren sich in diesem Punkt Wissenschaft und Religion, wie Sie selbst erfahren haben.

Unger: Ich glaube, das Zeitalter des Reduktionismus liegt hinter uns. Wer heute versucht, alle höheren Erscheinungsformen des Lebens auf einfache, niedere Prozesse zu reduzieren, verstrickt sich in Widersprüche.

Ikeda: Der heute allgemein verbreitete rationale, reduktionistische Ansatz greift zu kurz, sobald es um lebende Phänomene geht, denn diese befinden sich auf einer höheren Ebene. Vor dem Aufkommen der modernen Wissenschaft bezogen die Menschen ihre Nahrung aus der natürlichen Umwelt, die sie nur veränderten, um sich Lebensraum zu schaffen. Sie bewahrten sich ein Gefühl des Einsseins mit der Natur, vor der sie nie die Ehrfurcht verloren. Mit der industriellen Revolution und dem Fortschritt in Technologie und Wissenschaft haben die Menschen zwar großen materiellen Nutzen erlangt, aber auch zugelassen, dass die Entwicklung außer Kontrolle geriet und die Umwelt schädigte. Erst als uns die Umweltverschmutzung schwer zuzusetzen begann, waren wir gezwungen, uns daran zu erinnern, dass der Mensch in der Tat untrennbar mit Mutter Natur verbunden ist.

Seit Descartes herrscht die reduktionistische Auffassung vor, dass der wissenschaftliche Fortschritt von analytischen Methoden abhängig sei, etwa dem Herunterbrechen schwieriger Sachverhalte auf ihre einzelnen Bestandteile oder Komponenten. Tatsächlich aber sind alle Lebensformen organisch in einem großen Ganzen verbunden. Der in Frankreich geborene amerikanische Arzt und Mikrobiologe René Dubos (1901–1981), den ich persönlich kennengelernt habe, erklärte: »Ob es nun auf einer religiösen, philosophischen oder sozialen Überzeugung basiert, das Gefühl der Bedeutung entspringt der Erkenntnis des Menschen, so vage sie auch sein mag, dass sein gesamtes Wesen mit dem Kosmos, mit der Vergangenheit, der Zukunft und der übrigen Menschheit verbunden ist. Ein solches Gefühl universaler Verbundenheit kommt wahrscheinlich einer religiösen Erfahrung sehr nahe.«[49] Wie Sie wissen, leiten sich die im Westen benutzten Bezeichnungen für Religion vermutlich vom lateinischen *religio* (zusammenbinden) ab. Mit anderen Worten: Religion ist die Suche nach einer Verbindung zwischen dem Einzelnen und dem Heiligen.

Jede Religion hat eine Kosmologie und eine Weltsicht, die dem Menschen einen Platz und eine Rolle zuweist. Wenn wir unsere Verbindungen zum Universum und zur Gesellschaft erkennen, können wir Antworten auf existenzielle Fragen finden – und dies wiederum scheint die Quelle unserer Religiosität und unserer strahlenden Menschlichkeit zu sein.

Unger: Die Suche nach dem Sinn der eigenen Existenz ist kein kindisches Unterfangen. Wir halten nicht etwa an einer Illusion fest, wenn wir uns auf die Religion verlassen. Vielmehr ist es ein grundlegendes menschliches Bedürfnis, das Leben in den Kontext dreier großer Beziehungen zu stellen: zur Natur, zu unseren Mitmenschen und zum Spirituellen. Die Herausforderung, vor der wir im 21. Jahrhundert stehen, besteht darin, einen Weg zu finden, wie die gesamte Menschheit zusammenarbeiten kann, um gemeinsam zu wachsen und sich zu entwickeln. Unsere Existenz wird nur dann von Dauer sein, wenn die drei Bestandteile des Dreiecks ein harmonisches Ganzes bilden. Denn die Menschheit steht im Zentrum des Dreiecks.

Ikeda: Was Sie sagen, erinnert mich an das buddhistische Prinzip der »Dreitausend Bereiche in einem Einzigen Lebensmoment«, wie es von dem chinesischen buddhistischen Gelehrten Tiantai (538–597) und von Nichiren ausgelegt wurde. Kurz erklärt, besagt dieses Prinzip, dass das gesamte Reich der Phänomene, die als Dreitausend Bereiche bezeichnet werden, in einem Lebensmoment enthalten ist, also in einem einzigen Augenblick des Lebens. Jeder Augenblick enthält das Potenzial von Zehn Welten[50] oder Lebenszuständen und ist daher voller Möglichkeiten. Das Leben manifestiert in jedem Augenblick eine der Zehn Welten oder Lebenszustände. Nach dem Prinzip des Gegenseitigen Enthaltenseins der Zehn Welten trägt jede der Welten das Potenzial aller Zehn Welten und somit von 100 Welten in sich. Jede dieser 100 Welten besitzt Zehn Faktoren[51], also 1000 Faktoren oder Möglichkeiten, und diese wirken in jedem der Drei Existenzbereiche[52], sodass 3000 Bereiche entstehen. Die von Ihnen geschilderte Idee des Beziehungsdreiecks entspricht der buddhistischen Lehre von den Drei Existenzbereichen.

Da das Leben in jedem Moment die gesamte Welt der Phänomene (die Dreitausend Bereiche) umfasst, kann eine Veränderung in den Gedanken oder im Herzen eines Menschen nicht nur ihn selbst verändern, sondern auch einen Welleneffekt auf die gesamte Gesellschaft und die Umwelt haben. Deshalb stellt dieses Prinzip eine Philosophie der Hoffnung dar. Jeder Augenblick des Lebens enthält universelle Weisheit und Mitgefühl. Das Ziel unserer Bewegung ist die menschliche Revolution und bedeutet, diese Weisheit und dieses

Mitgefühl zu wecken und solidarisch zu handeln, um eine friedliche Gesellschaft und Umwelt aufzubauen.

Unger: Soweit ich weiß, strebt die buddhistische Philosophie danach, Frieden zu schaffen, und zwar im Herz des Einzelnen, in der Gesellschaft und der gesamten Menschheit sowie in der natürlichen Welt und ihren Ökosystemen.

Ikeda: Prof. Toynbee offenbarte in unserem Gespräch ein tiefes Verständnis des Buddhismus und wies auf die Bedeutung und Notwendigkeit einer Weltreligion hin, die es uns als Menschen ermöglicht zu erkennen, dass wir Mitglieder einer globalen Gemeinschaft und Teil des gesamten kosmischen Lebens sind.[53] Er brachte seine Hoffnung zum Ausdruck, dass die Philosophie des Mahayana-Buddhismus uns in die Lage versetzen möge, die egoistische Gier zu überwinden.

Unger: Sie scheinen das, was wir aus christlicher Sicht den Weltschöpfer nennen, als einen Geist zu interpretieren, der alle Dinge miteinander verbindet. Die Christen betrachten die Liebe als das Band zwischen den Menschen und dem Schöpfer. Der Philosoph Gottfried Wilhelm Leibniz (1646–1716) betonte dies und beschäftigte sich sein ganzes Leben lang mit der Frage nach der Einheit zwischen göttlicher und menschlicher Vernunft.

Ikeda: So wie ich Leibniz verstehe, war er der Auffassung, dass ein einziger Geist für eine ganze Welt gelte.[54] Mit anderen Worten: Gott ist ein Geist. Der Geist der Menschheit wurde von Gott nach seinem Ebenbild geschaffen und wirkt durch Gottes wahre Natur. Aufgrund dieser starken Verbindung zwischen dem menschlichen Geist und Gott glaubte Leibniz, dass der Wert des menschlichen Geistes höher angesiedelt sei als alle anderen Werte.

Unger: Sie gehen ja in gewisser Weise noch weiter und sehen den Geist Gottes – den man als universellen Geist bezeichnen könnte – nicht nur im menschlichen Geist, sondern in allen Dingen am Werk.

Das Christentum hat der Welt der Natur keine solche Bedeutung beigemessen. Als Folge des Sündenfalls wird am Ende der Zeit die Schöpfung selbst gerettet werden müssen. Erst dann wird Gott alles in allen Dingen sein. Diese Art der aufgeschobenen Vergöttlichung findet sich im Buddhismus nicht. Ich habe christliche Begriffe wie »Geist Gottes« verwendet. Lassen sich solche Dinge auch auf den Buddhismus anwenden?

Ikeda: Der Buddhismus lehrt, dass die höchst kostbare Buddhanatur allen Lebewesen gleichermaßen innewohnt und sich jederzeit und an allen Orten offenbaren und manifestieren kann. Auch was im Buddhismus als nichtfühlend bezeichnet wird, wie Bäume und Land in der Welt der Natur, ist mit der Buddhanatur ausgestattet und kann die Buddhaschaft manifestieren.

Der Buddhismus lehrt auch, dass, wenn der Einzelne seine eigene Buddhanatur – und damit seinen höchsten und kostbarsten inneren Wert – offenbart, seine unverwechselbaren Eigenschaften zu vollem Glanz gelangen, so wie die Kirsche, die Pflaume, der Pfirsich und die Aprikose jede auf ihre eigene Weise wunderbar erblühen. Der Sinn des Lebens besteht darin, diesen höchsten Wert in vollem Umfang zu manifestieren und so das eigene Selbst und die Umwelt erstrahlen zu lassen.

Ein anderes buddhistisches Prinzip, die Einheit des Lebens und seiner Umgebung, besagt, dass der Mensch und seine Umwelt untrennbar und im Grunde eins sind. Also bestimmt unser eigenes Leben, inwieweit die Gesellschaft und die natürliche Welt ihren Wert manifestieren können. Mit anderen Worten: Der Buddhismus erkennt in den Handlungen des Menschen die Kraft und die Verantwortung, die Welt, einschließlich der Natur, in ihrem Wert zu erheben.

Unger: Was Sie sagen, enthält viel Stoff zum Nachdenken. Um Missverständnisse zu vermeiden, müssten wir allerdings versuchen, das buddhistische und das christliche Verständnis von Geist zu klären.

Ikeda: Das ist richtig. Eine weitere Frage, die im Zusammenhang mit der Umweltproblematik immer wichtiger wird, ist, wie die verschiedenen Religionen Natur definieren und wie sie zu ihr in Beziehung stehen. Im Februar 2005 sprach ich mit Wangari Maathai (1940–2011), der ersten Umweltschützerin, die mit dem Friedensnobelpreis ausgezeichnet wurde. Von der eigenen Regierung ihrer demokratischen Ansichten wegen verfolgt, gelang es ihr dennoch, ihre Grüngürtel-Bewegung zu etablieren, eine Graswurzelbewegung, die es schaffte, 30 Millionen Bäumen auf dem afrikanischen Kontinent zu pflanzen. Sie hegte eine tiefe Sympathie für die buddhistische Weltsicht, die dem Leben, der Natur und der menschlichen Gemeinschaft einen hohen Stellenwert einräumt.

Unger: Ich sehe zwischen Christentum und Buddhismus noch mehr Parallelen. Nicht nur sorgen sich beide um die Natur und die Umwelt und plädieren für einen rücksichtsvollen Umgang mit der Erde. Beide verfolgen auch einen kompromisslosen Ansatz, wenn es darum geht, Leiden zu heilen und den Menschen Erlösung zu bringen.

Ikeda: In diesem Zusammenhang kommen mir einige historische Persönlichkeiten in den Sinn. So zum Beispiel Franz von Assisi (1181/82–1226), der sich, wie Sie wissen, allen Lebewesen verbunden fühlte und sie mit Freude seine Brüder und Schwestern nannte. Sein großes Mitgefühl für die nichtmenschlichen Lebewesen wird durch Giottos berühmtes Bild veranschaulicht, auf dem er zu den Vögeln predigt. Aus seinem Glauben heraus, dass das menschliche Leben und die natürliche Umwelt eins und untrennbar sind, warnte er, dass die Ausbeutung der Natur ein Ausdruck von Gier sei. Er hegte Ehrfurcht und mitfühlende Zuneigung für alle Geschöpfe. Für mich ist der Heilige Franziskus in einem gewissen Sinn auch eine Verkörperung der buddhistischen Figur des Bodhisattva.

Unger: Das ist ein interessanter Vergleich. Die Vertreibung der Menschheit aus dem Garten Eden sollte uns als kollektive Warnung dienen: Wenn wir es – besessen von den Freuden des Augenblicks –

versäumen, uns ausreichend um die Erde zu kümmern, wird sie bald unbewohnbar sein. Deshalb müssen wir die Natur mit Sorgfalt und Ehrfurcht behandeln.

Ikeda: Ganz genau. Wenn wir die Gier zügeln, allen Menschen mit Liebe begegnen und der Natur Respekt entgegenbringen und wenn die gesamte Gesellschaft diese Werte teilt, können wir eine harmonische Zivilisation schaffen, die mit der Ökologie der Erde in Einklang steht.

Unger: Wir müssen uns wieder auf den Wert von Gottes Schöpfung besinnen und uns vor Augen halten, dass es die Aufgabe der Wissenschaft ist, eine annehmbare Lebensgrundlage für alle Menschen zu gewährleisten.

Ikeda: Der Buddhismus lehrt, in Harmonie mit der Natur zu leben und sie zu respektieren. Eine solche Lebensweise hält sich an die Philosophie des Mittleren Weges und vermeidet die Extreme von Askese und Hedonismus. Mit anderen Worten: Die buddhistische Sichtweise befördert den Aufbau einer ethischen Grundlage für eine harmonisch-symbiotische Beziehung zwischen Mensch und Natur und hilft zugleich, die dem Leben innewohnende Schlechtigkeit und niederen Triebe unter Kontrolle zu halten.

Unger: Dem stimme ich uneingeschränkt zu. Die übermäßig wohlhabenden 20 Prozent der Weltbevölkerung verbrauchen heute 80 Prozent der natürlichen Ressourcen des Planeten, während die restlichen 80 Prozent hungern. Im Einklang mit den buddhistischen Lehren müssen wir einen Weg finden, unsere Gier zu kontrollieren und in gemeinschaftlichem Wohlstand mit den Menschen in den Entwicklungsländern sowie im Einklang mit der natürlichen Umwelt zu leben. Christen nehmen für sich die Aufgabe in Anspruch, in die Welt hinauszugehen, um zu lernen und sich selbst zu motivieren. Dies scheint mir dem buddhistischen Ethos, das die Rettung der Menschheit über die eigene Erleuchtung stellt, ziemlich nahezukommen.

Ikeda: Im Buddhismus werden Bodhisattvas als aktive Menschen betrachtet, die sich auf die Errettung anderer konzentrieren. Mahayana-Bodhisattvas legen die sogenannten vier universellen Gelübde ab. Erstens geloben sie, alle Lebewesen zu retten, also Mitgefühl mit allem Leiden zu haben. Zweitens geloben sie, alle weltlichen Begehren aufzugeben. Das bedeutet, alle irdischen Begierden zu kontrollieren und sie in eine gute Einstellung umzuwandeln, die etwa Gewaltlosigkeit, Mitgefühl und Hoffnung beinhaltet. Drittens geloben sie, alle buddhistischen Lehren zu lernen. In heutigen Begriffen bedeutet dies, den Buddhismus und das gesamte geistige Erbe der Menschheit zu studieren, einschließlich aller Wissensgebiete, der Philosophie und der Religion. Viertens und letztens geloben sie, durch buddhistische Ausübung Erleuchtung zu erlangen, mit anderen Worten: das eigene Glück zu verwirklichen, während sie andere retten.

Diese vier universellen Gelübde der Bodhisattvas entspringen aus ihnen selbst. Diese Ethik besteht aus Versprechen, die eigenständig und freiwillig abgegeben werden, nicht von außen auferlegt. Durch diese Gelübde zeigen die Bodhisattvas in ihren Handlungen die Güte, die sie zu ihrem eigenen Glück und Heil und dem der anderen lenkt. Und dies wiederum erzeugt mit Sicherheit eine Ethik, die ein harmonisches Zusammenleben mit der Natur möglich macht.

Unger: Es hat keinen Sinn, eine Welt- oder Umweltethik zu entwickeln, wenn sie nicht aus dem Herzen der Menschen kommt. Der Wunsch, einen Beitrag für die Menschheit und die Gesellschaft zu leisten, hat nur dann einen erzieherischen Einfluss, wenn er in uns selbst entsteht.

Ikeda: Das ist ein wichtiger Punkt. Die Kraft, die dem Inneren des Menschen entspringt, ist unerlässlich, um unsere Werte so auszurichten, dass Wissenschaft, Wirtschaft, Politik, ja, alle menschlichen Bestrebungen tatsächlich dem Wohl der Menschheit dienen. Im Grunde sollten Bildung, Religion und Philosophie die Menschen dazu anregen, Spiritualität aus sich selbst heraus zu entwickeln. Ich habe die Bedeutung dieses Themas in einer Rede mit dem Titel »Das Zeitalter der Soft Power und einer vom inneren Bedürfnis motivierten Philosophie« erörtert, die ich im September 1991 an der Harvard University hielt.

Unger: Wir müssen stets den Willen zu einer Bildung haben, die die Kraft hat, die Gesellschaft voranzubringen. Wenn wir uns den materiellen Fragen von Wissenschaft und Wirtschaft von dem Standpunkt aus nähern, wie der Mensch leben sollte, entdecken wir den hohen Wert, den Dialog und Bildung haben.

Der einzelne Mensch ist materiell begrenzt und kann nur wenig Einfluss auf das Leben anderer nehmen. Die Menschheit als Ganzes lebt jedoch in unseren Nachkommen auf unbestimmte Zeit weiter. Deshalb ist es wichtig, dass wir den Wert des individuellen Dienstes am ewig fortdauernden Leben der Menschheit verbreiten.

Ikeda: Ich stimme Ihnen uneingeschränkt zu. Shakyamuni sagte: »Alle Lebewesen, ob sie sichtbar oder unsichtbar sind, ob sie in der Ferne oder in der Nähe leben, ob sie bereits existieren oder in Zukunft existieren werden, sollen glücklich sein.«[55]

In dieser Passage werden eine klare ethische Haltung gegenüber allen Lebewesen sowie eine generationenübergreifende Ethik formuliert. Der Mensch ist aufgefordert, mit allen Lebewesen der Erde in Harmonie zu leben, ob sichtbar oder unsichtbar, nah oder fern. Und zugleich wird hier eine verantwortungsvolle Haltung gegenüber der sozialen und natürlichen Umwelt eingefordert, die wir bei unserer Geburt von denen geerbt haben, die vor uns lebten, bis hin zu der Verantwortung, sie weiter zu verbessern und an diejenigen zu vererben, die nach uns kommen.

Wir dürfen den reichen, ewigen Fluss der menschlichen Spezies nicht gefährden oder austrocknen. Ich glaube auch, dass der Schlüssel zur Lösung der globalen Umweltprobleme darin liegt, »den Wert des individuellen Dienstes am ewig fortdauernden Leben der Menschheit weltweit [zu] verbreiten«, wie Sie vorhin sagten.

Erster Schritt der Umwelterziehung: gegenwärtige Bedingungen begreifen

Ikeda: Sie sagten vorhin auch, dass Bildung die Kraft hat, die Gesellschaft voranzubringen. Ausgangspunkt und treibende Kraft für ein globales und ökologisches Ethos ist die Umwelterziehung. Wie sollte sie Ihrer Meinung nach gefördert werden?

Unger: Meiner Meinung nach ist es nicht möglich, die Umwelterziehung von anderen akademischen Disziplinen zu trennen und sich nur auf die reine Wissensvermittlung zu konzentrieren. Was wir aber sehr wohl machen können: unser Umweltbewusstsein schärfen und uns darin üben, bei allem, was wir tun, die Folgen für die Umwelt mit zu bedenken. Zum Beispiel müssen wir die Menschen immer wieder auf unseren unmäßigen Verbrauch nicht erneuerbarer Ressourcen und auf das Ausmaß der Luftverschmutzung hinweisen, die wir durch unser Handeln verursachen.

Ikeda: Ausgangspunkt jeder Umwelterziehung ist eine genaue Kenntnis der gegenwärtigen Verhältnisse: Wie viel Wald ist weltweit bereits verloren gegangen, wie weit ist die Verschmutzung der Atmosphäre, des Wassers und des Bodens bereits fortgeschritten, welche ökologischen Auswirkungen hat das auf die Erde und so weiter. In diesem Zusammenhang habe ich in meinem Vorschlag für den Weltgipfel für nachhaltige Entwicklung 2002 betont, wie wichtig eine umfassende Herangehensweise an die UN-Dekade »Bildung für nachhaltige Entwicklung« ist. Als Teil dieses Vorhabens fördert die SGI in Zusammenarbeit mit der Erd-Charta-Kommission eine Ausstellung mit dem Titel »Seeds of Change: The Earth-Charter and Human Potential«. Sie wurde bereits in mehr als zehn Ländern gezeigt. Ebenfalls tourt unsere Umweltausstellung »21st Century: Environmental Exhibition« seit 2006 durch Japan.

Unger: Ich bin sicher, dass die harte Arbeit, die die Mitglieder der SGI im Bereich der Umwelterziehung leisten, Großes bewirken wird. Jetzt, da wir an der Schwelle zum neuen Jahrtausend stehen, müssen wir die Umwelterziehung nutzen, um das harmonische Zusammenleben als globales Modell zu fördern. Eines der Ziele dieser Erziehung ist es, Menschen heranzubilden, die die Orte, an denen sie leben, für ihre Nachbarn und für sich selbst angenehm und sicher gestalten wollen.

Eine neue Ethik zur Kontrolle wissenschaftlicher Technologien

Unger: Das Hauptproblem in Europa ist unsere stark säkularisierte Lebensweise. Sie erzeugt einen enormen Materialismus und macht es jedem Menschen möglich, sein eigener Gott zu sein, um es mit Nietzsche zu sagen. Mit anderen Worten, die enormen Fortschritte in den Naturwissenschaften haben uns in die Lage versetzt, viele Dinge in einer Weise zu kontrollieren, die früher unvorstellbar gewesen wäre.

Unsere heutige Situation ist vergleichbar mit der von Goethes Zauberlehrling: Er bringt einen Besen dazu, ihm Wasser zu holen, kennt aber das richtige Wort nicht, um ihn wieder zu stoppen, und versinkt in einer großen Flut. Das gerade beginnende neue Zeitalter zwingt uns, völlig neue Überlegungen darüber anzustellen, welche ethischen Grenzen wir der Wissenschaft setzen. Wir müssen lernen, die neuen Instrumente, die sie uns zur Verfügung stellt, verantwortungsvoller zu nutzen als in der Vergangenheit, und gleichzeitig die wissenschaftliche Forschung konsequent vorantreiben.

Ikeda: Unersättliche intellektuelle Neugier und Entdeckergeist haben die Forschung und die technologische Innovation in vielen wissenschaftlichen Bereichen beflügelt. Das Tempo dieser Veränderungen wird sich in den kommenden Jahren wahrscheinlich noch beschleunigen. Wissenschaft und Medizin sind bereits in Bereiche vorgedrungen, die einst Gott vorbehalten waren, etwa durch Klonen und fortgeschrittene Gentechnik.

Nun sind wir gezwungen, eine Grenze zwischen dem technisch Machbaren und dem ethisch Zulässigen zu ziehen. Wie weit sollen wir in das menschliche Leben und die Natur eingreifen und sie manipulieren dürfen? An welcher Stelle sollten wir ethische Haltelinien ziehen? Dies sind einige der drängendsten Fragen der Gegenwart. Wir werden unsere neuen wissenschaftlichen Instrumente erst dann zum Wohl der Menschheit einsetzen können, wenn wir ethische Standards entwickeln, die auf der Achtung vor der Würde des Lebens basieren.

Unger: Kultur und Wissenschaft können nur überleben, wenn sie Respekt vor dem Leben und der Umwelt zeigen. Die unzähligen psychischen und psychosomatischen Erkrankungen, die es mittlerweile gibt, zeigen uns deutlich auf, dass Ausbeutung der Natur auch Selbstausbeutung bedeutet, die uns nicht guttut.

Ikeda: Ich habe mit dem indischen Agrarwissenschaftler M. S. Swaminathan (1925–2023) über den gewaltfreien Umgang mit der Umwelt diskutiert. Ausgehend von dem, was Gandhi zu diesem Thema gesagt hat, meinte er, die Menschen würden der Natur Gewalt antun, solange sie sie auch gegeneinander einsetzten. Die Lehre der Gewaltlosigkeit zu vermitteln ist der wichtigste Aspekt der Umwelterziehung, die ihrerseits auf dem Respekt vor der Würde des Lebens beruhen muss. Erziehung muss das Potenzial jedes unersetzlichen Lebens und die Würde allen Lebens als dessen Grundlage immer wieder betonen.

Unger: Das sehe ich auch so. Kultur entsteht nicht durch Ausbeutung, sondern durch Respekt. Es handelt sich nur dann um Umwelterziehung, wenn sie Respekt vor dem Leben lehrt.

Wenn wir uns nur auf unsere unmittelbare Umwelt konzentrieren, verlieren wir den Bezug zum Transzendenten. Und ohne diesen können wir keine Umwelterziehung im eigentlichen Sinn betreiben.

Ikeda: Unsere Kinder tragen die Verantwortung für die Zukunft. Daher müssen ihnen im Rahmen der Umwelterziehung die Achtung vor der Würde des Lebens und die Ehrfurcht vor dem Transzendenten vermittelt werden. In *Jinsei chirigaku* (Eine Geografie des menschlichen Lebens) weist Makiguchi auf zwei Dinge hin, die in diesem Zusammenhang zu beachten sind. Erstens: Wir können die Gesetze und die Ordnung der Natur zwar mithilfe unseres Intellekts erkennen, sollten aber nicht vergessen, dass sie nicht das Produkt der menschlichen Intelligenz sind. Zweitens, und das betrifft die emotionale Ebene: Wir müssen uns darüber im Klaren sein, dass es notwendig ist, der religiösen Sphäre, in der diese Naturgesetze wurzeln, mit Ehrfurcht und Staunen zu begegnen.

Ein rein intellektueller Ansatz kann zu Arroganz führen, zu der Vorstellung, Wissenschaft sei allwissend. Eine ausschließlich emotionale Herangehensweise wiederum birgt die Gefahr, sich von der Lebenswirklichkeit abzukoppeln. Makiguchi vertrat die Ansicht, dass die richtige Einstellung zur Natur die intellektuellen Aspekte der Gesetze und Ordnung mit dem emotionalen Aspekt der Ehrfurcht vor dem Religiösen oder Transzendenten verbindet.

Unger: Eine solche Haltung gegenüber der natürlichen Umwelt ist wichtig, damit Kinder so aufwachsen können, dass Körper, Geist und Seele ein Gleichgewicht bilden.

Ikeda: Als Sie im Juli 1997 die Soka Junior und Senior High School in Kansai besuchten, sagten Sie, dass Arbeit stets mit dem Verstand, dem Herzen und den Händen getan werden müsse. Arbeit, die nur auf Basis von Verstand und Intellekt verrichtet werde, könne kaltherzig sein. Eine rein emotionale Herangehensweise führe dazu, dass man den Bezug zur Realität verliere. Und ganz ohne Verstand und Emotionen, sondern nur mit den Händen verrichtete Arbeit könne zur Zerstörung des Planeten führen. Deshalb müssten wir so leben, dass alle drei im Gleichgewicht seien.

Mit diesen klaren Worten haben Sie auf den Punkt gebracht, dass der Ursprung der gegenwärtigen globalen Krise auf den Verlust dieser Harmonie in den Menschen zurückzuführen ist. Ich bin dankbar dafür, wie Sie den jungen Leuten dargelegt haben, dass es wichtig ist, sich als Mensch ganzheitlich zu entwickeln, sodass ein kühler Verstand, ein warmes Herz und schnelles Handeln miteinander in Einklang stehen.

Unger: Jede Philosophie oder Denkweise ist sinnlos, wenn sie sich anderen nicht vermitteln lässt. Da ich den jungen Menschen, die für das neue Jahrhundert verantwortlich sind, erklären wollte, was mir wichtig ist, habe ich einfach und verständlich gesprochen. Ich war sehr beeindruckt von der Lebendigkeit der Schüler und Studierenden, die ich bei meinen Besuchen an den Soka-Schulen in Kansai und an der Soka-Universität in Tokio getroffen habe. Ich wollte meinen Beitrag dazu leisten, dass sie – um Ihre Worte aufzugreifen – zu ganzheitlichen, ausgeglichenen Menschen heranreifen können.

Ikeda: Makiguchi war der Ansicht, das Ziel von Bildung und Erziehung bestehe nicht darin, die Köpfe der Schüler mit bruchstückhaften Informationen vollzustopfen, sondern ihr ganzes Wesen zu entwickeln, um sie in die Lage zu versetzen, das aufgenommene Wissen zum Wohl der Menschheit einzusetzen. Er schlug das von ihm so benannte Halbtagsschulsystem vor, um vollwertige Persönlichkeiten mit Herz und Verstand sowie der Tat heranzubilden. Demzufolge waren die Schüler die eine Hälfte des Schultages im Klassenzimmer, um zu lernen, und die andere Hälfte war der praktischen Arbeit gewidmet. Die Förderung allumfassend entwickelter Persönlichkeiten ist einer der Gründe, warum die Soka University of America als Liberal Arts College, also geisteswissenschaftlich ausgerichtetes College gegründet wurde.

Unger: Ich gehe davon aus, dass die Soka-Schulen und die Soka-Universität viele gut ausgebildete Menschen hervorbringen werden, die imstande sind, die Umweltsituation zu verbessern und eine hellere Zukunft zu erschaffen.

Atomwaffen als Aspekt des Bösen im Leben

Ikeda: Wir brauchen unbedingt mehr Weisheit, denn nur so können wir ein Verständnis dafür entwickeln, zu welchem Zweck wir unser Wissen nutzen – als Beispiele nehme man nur die Themen Umwelt und Atomwaffen. Atomwaffen sind das Produkt wissenschaftlicher Erkenntnisse. Beim Nachdenken darüber, wie die Menschen mit ihnen umgehen sollten, stellt sich akut die Frage nach Wissen und Weisheit. Das Ende des Kalten Krieges bot die hervorragende Gelegenheit, Atomwaffen vollständig abzuschaffen, und in der Tat machte die Bewegung zur Abschaffung von Atomwaffen im letzten Jahrzehnt des 20. Jahrhunderts einige Fortschritte. Sie sorgte nicht nur dafür, dass die Atomwaffenbestände reduziert wurden, sondern arbeitete darüber hinaus auf eine internationale Ordnung hin, in der ihr Einsatz vollständig verboten sein würde. So stellte beispielsweise der Internationale Gerichtshof in einem Gutachten fest, dass der Einsatz von Atomwaffen gegen das Völkerrecht verstößt. Im Jahr 2000 forderte eine Überprüfungskonferenz zum Atomwaffensperrvertrag (NPT) in ihrem Abschlussdokument ein klares Bekenntnis zur vollständigen Abschaffung von Atomwaffen.[56] Inzwischen stört das Raketenabwehrkonzept der Vereinigten Staaten dieses Gleichgewicht allerdings wieder und löst ein nukleares Wettrüsten bis in den Weltraum aus. Außerdem führen sowohl die Vereinigten Staaten als auch Russland unterkritische Atomtests durch, die der Vertrag über das umfassende Verbot von Atomwaffentests (CTBT) nicht ausdrücklich verbietet. Was meinen Sie, wie sollte die Menschheit der Bedrohung durch Atomwaffen begegnen, die ja nach wie vor besteht?

Unger: Ich bin wahrlich kein Freund von Waffen, welcher Art auch immer. Sie machen mir Angst. Schon heute verfügt die Menschheit über ausreichende Arsenale, um damit die ganze Welt auszulöschen. Die Rüstungsindustrie entwickelt sich im globalen Maßstab, und obwohl sie sich heuchlerisch als friedensorientiert bezeichnet, beteiligt sie sich in Wahrheit immer stärker an Kriegen. Allerdings ist mir natürlich auch klar, dass Staaten Waffen brauchen, um sich zu verteidigen. Dennoch beunruhigen mich atomare, biologische und chemische Waffen zutiefst. Sie einzusetzen ist das Feigste, was Menschen tun können. Hiroshima und Nagasaki hätten uns doch eigentlich lehren müssen, dass der Einsatz von Atomwaffen falsch ist.

Ikeda: Angesichts der Tatsache, dass Atomwaffen in der Lage sind, die Menschheit auszulöschen und das Ökosystem zu zerstören, läuft das Problem, genau wie die Umweltfrage, letztlich darauf hinaus, ob wir die Interessen einzelner Staaten über die Interessen der gesamten Menschheit und des gesamten Planeten stellen. Die Schlüsselfrage lautet: entweder die Menschheit oder Atomwaffen. In diesem Zusammenhang muss ich noch einmal auf Josei Todas Aufruf zur Abschaffung von Atomwaffen verweisen. Dort heißt es: »Ein Land, dem es gelingen sollte, durch den Einsatz von Kernwaffen die ganze Welt zu erobern, muss als Teufel, als das manifestierte Böse betrachtet werden.«[57] Mit dieser Aussage durchbricht er die politische und militärische Ebene und begibt sich auf die grundlegende Ebene der Würde des Lebens selbst. Der Buddhismus lehrt, dass dem Leben ein böser Impuls innewohnt, der danach strebt, selbstsüchtige Wünsche zu erfüllen, sogar um den Preis der Zerstörung des Lebens anderer und der natürlichen Umwelt. Er bezeichnet den Zustand, in dem man von diesem Bösen beherrscht wird, als den »Himmel des hemmungslosen Auskostens der Bemühungen anderer«. Staaten, ethnische Gruppen oder Anführer, die versuchen, andere mithilfe von Atomwaffen zu beherrschen, verkörpern die reinste Form dieses Übels. Und genau dieses Böse ist es, das wir nach Todas Worten vollständig vernichten müssen.

Unger: Ich stimme ihm zu. Meine Antwort auf die Atomwaffenfrage ist ganz einfach: Sie gehören abgeschafft.

Ikeda: Wir müssen lernen, in unserem Handeln dem Wohl der Menschheit und des Planeten oberste Priorität einzuräumen. Mit dem berühmten russischen Kosmonauten Dr. Alexander Serebrow (1944–2013) habe ich einen Dialog [mit dem Titel *The Cosmos, the Earth,* *and Humanity*] veröffentlicht. Wie er mir sagte, sei der Blick aus dem Weltraum auf die Erde nicht nur eine wertvolle und, philosophisch betrachtet, ehrfürchtige Erfahrung, sondern wecke auch das Bewusstsein für die eigene Aufgabe, etwas für unseren kostbaren Planeten zu tun. Und der amerikanische Astronaut Dr. Donald K. Slayton (1924–1993) beschrieb mir eine ähnliche Erfahrung. Sie habe ihn gelehrt, sagte er, dass der Kosmos die Erde als vereintes Ganzes erfahrbar mache und somit der Ort sei, an dem die Menschheit ihre Einheit erlange. Heute müssen wir die Interessen der Menschheit und der Erde vor alles andere setzen und uns zu diesem Zweck die Sichtweise derjenigen zu eigen machen, die unseren Planeten vom Weltraum aus betrachtet haben.

Welche Hoffnungen verbinden Sie mit der Raumfahrt im 21. Jahrhundert?

Unger: Wenn wir Regeln für die Nutzung des Weltraums aufstellen, sollten wir berücksichtigen, dass er allen gehört und die Grundlage unserer Existenz ist. Als unser einzig möglicher Lebensraum erfordert er bis in alle Ewigkeit unser harmonisches Zusammenwirken, ja, man kann sogar sagen, er ist Ausgangspunkt jedweder menschlichen Kooperation. Daher dürfen wir zu Beginn dieses neuen Zeitalters die Entwicklung der Raumfahrt nicht missbrauchen.

Ikeda: Es darf nicht zugelassen werden, dass einzelne Staaten die Erkundung des Weltraums in ihrem eigenen Interesse monopolisieren. Rüstungswettläufe müssen strikt unterbunden werden. In allen großen Religionen läuft das Gebet auf einen Dialog, ein Mitschwingen mit dem ewigen Universum hinaus, das der Ursprung allen menschlichen und nichtmenschlichen Lebens ist. In diesem Sinne ist der Kosmos – Sie haben es gesagt – die Grundlage unserer Existenz. Aber haben sich unsere Herzen und unser Verstand genauso weit entwickelt wie die Globalisierung? Heute, da engstirniger Nationalismus und der Egoismus einzelner Staaten immer mehr Einfluss gewinnen, ist die Bedeutung des spirituellen Austauschs mit dem Universum unendlich wichtig.

Unger: Das sehe ich genauso. Gerade für die jungen Menschen, in deren Händen die Verantwortung für die Zukunft liegt, ist es wichtig, die Möglichkeit zu einem spirituellen Austausch mit dem Kosmos zu haben und eine universelle Sichtweise entwickeln zu können. Soweit ich weiß, nehmen die Soka-Schulen in Kansai an einem Bildungsprogramm teil, das ein Gefühl der Vertrautheit mit dem Kosmos vermitteln soll.

Ikeda: Ja, das Programm heißt EarthKam (Earth Knowledge Acquired by Middle School Students). Es wird unter der Schirmherrschaft der NASA in den USA durchgeführt und bietet die Möglichkeit, mithilfe ferngesteuerter Digitalkameras, die auf der Internationalen Raumstation montiert sind, Bilder von jedem beliebigen Teil der Erdoberfläche zu machen. Die Schüler berechnen die Umlaufbahn der Raumstation sowie den Ort und die Zeit der Aufnahme und übermitteln die entsprechenden Fotoanweisungen auf Englisch. Diese Anweisungen werden über eine Organisation wie die NASA an die Raumstation weitergeleitet, und das Foto wird aufgenommen. Auf diese Weise werden für die Schüler Aspekte der Erde visuell erfahrbar, die im normalen Unterricht nur schwer zu vermitteln sind. Die Schüler der Soka Junior und Senior High School in Kansai halten mit ihren EarthKam-Nutzungszahlen den Weltrekord. Auch die Soka Junior und Senior High School in Tokio führen in Zusammenarbeit mit einem weltberühmten Observatorium Weltraumerziehung durch. Schüler bekommen so die Möglichkeit, die Welt als kleinen Planeten im Weltall wahrzunehmen, der keine nationalen Grenzen kennt und unserer gewissenhaften Fürsorge bedarf.

Unger: Mithilfe dieser wunderbaren Möglichkeiten, die Erde aus dem Weltraum zu sehen, wird die Umwelterziehung auf den Kosmos ausgedehnt.

Ikeda: Für das kommende Zeitalter müssen wir die berühmte Richtschnur »global denken, lokal handeln« abwandeln in »kosmisch denken, global handeln«. Die Menschheit muss erkennen, dass wir alle

Kinder der Erde und dazu bestimmt sind, gemeinsam auf unserem Planeten zu leben. Unsere Zeit erfordert eine humanistische Bildung, die uns lehrt, einen universellen Ansatz zu verfolgen und in dem Bestreben, die aktuellen globalen Probleme zu lösen, als »Weltraumbürger« zu handeln.

Kapitel 5

Gesundheit, Medizin und Bioethik

Ikeda: Wir haben uns konsequent dafür eingesetzt, dass das 21. Jahrhundert ein Jahrhundert des Lebens wird, und hoffen, dass die Themen Gesundheit, Krankheit, Sterblichkeit und Achtung vor dem Leben immer mehr in den Mittelpunkt rücken. In diesem Zusammenhang möchte ich mich in diesem letzten Teil unseres Gesprächs mit Ihnen über das Thema Leben und Bioethik austauschen.

Unger: Angesichts der rasanten Entwicklungen in der Biowissenschaft halte ich es für unerlässlich, dass wir uns eingehender mit dem Leben selbst beschäftigen. Ich freue mich über die Gelegenheit, hier mit Ihnen eine Philosophie des Lebens zu erkunden.

Ikeda: Mir geht es genauso. Sie sind heute eine weltweite Autorität auf dem Gebiet der Herzchirurgie. Warum haben Sie sich für dieses Fachgebiet entschieden?

Unger: Ich wollte schon immer Arzt werden. Als ich Medizin studierte, war die Herzchirurgie noch ein schwieriges und gefährliches Fach, und ich beschloss, etwas zu tun, um die Situation zu verbessern.

Ikeda: Durch diese Entscheidung haben Sie viele wertvolle Leben gerettet. Soweit ich weiß, haben Sie mehr als 7000 Patienten operiert.

Unger: Ja, so viele waren es ungefähr.

Ikeda: Wie kann es uns Ihrer nach Meinung gelingen, gesund zu bleiben?

Unger: Zwei Voraussetzungen sind für eine gute Gesundheit entscheidend. Zum Ersten dürfen keine genetischen Anomalien vorhanden sein. Und zum Zweiten geht es um die Anstrengungen, die der Einzelne unternimmt, um gesund zu bleiben. Darum, ob er Gefahren für seine Gesundheit erkennt und bereit ist, etwas dagegen zu tun. Wer das nicht kann, läuft Gefahr, krank zu werden. Jenseits des 40. Lebensjahres muss sich jeder selbst ein Arzt sein.

Ikeda: Ein sehr nützlicher und wertvoller Rat. Mit anderen Worten: Um unsere Gesundheit zu schützen, brauchen wir Weisheit und Einfallsreichtum und müssen unsere eigenen Ärzte und Krankenschwestern sein. Was halten Sie von der gängigen Vorstellung, dass stressreiche Gesellschaft krank macht?

Unger: Stress hat zwei Aspekte, einen positiven und einen negativen. Herausforderungen lösen positiven Stress aus. Durch ihre Bewältigung entwickelt sich der Mensch psychisch und physisch weiter. Ohne diesem positiven Stress würden wir träge werden. Negativer Stress hingegen ist gefährlich. Gewinnt er die Oberhand, werden wir mutlos und pessimistisch, verlieren sogar den Willen, Herausforderungen anzunehmen. Und am Ende werden wir krank.

Ikeda: Ich verstehe. Ob Stress positiv oder negativ wirkt, hängt von der Art und Weise ab, wie wir mit ihm umgehen. Deshalb ist es wichtig, Herausforderungen mutig und mit einem Lebensziel anzugehen. Wir müssen Wege finden, um unsere Lebenskraft zu entfachen. Ich glaube, dass es darauf ankommt, Kontakt mit Menschen zu haben, die viel Lebenskraft in sich tragen, und sich ein Umfeld zu schaffen, das voller Lebenskraft ist.

Die maximale Lebenserwartung des Menschen

Ikeda: Wer hat Ihrer Meinung nach die Chance auf ein langes Leben?

Unger: Niemand lebt natürlich ewig. Aber bei Menschen, die bereits über 60 Jahre alt sind, stehen die Chancen für ein längeres Leben gut.

Ikeda: In den östlichen Kulturen wird dem 60. Lebensjahr seit Langem eine besondere Bedeutung beigemessen; es gilt als wichtige Etappe. Ich selbst kenne viele Menschen, für die es in der Tat ein Meilenstein gewesen zu sein scheint.

Unger: Manche Menschen bringen die genetische Veranlagung für ein langes Leben mit. Abgesehen davon muss man sich, wenn man alt werden möchte, körperlich und geistig betätigen, was tatsächlich der Schlüssel ist.

Ikeda: Meinen Sie damit, dass auch Aktivitäten auf geistiger Ebene, wie Glaube und Überzeugung, die Lebensdauer beeinflussen?

Unger: Mit Sicherheit. Glaube und Überzeugung sind das Gegenteil von Angst. Ein Glaubensfundament zu haben bedeutet, keine Angst zu kennen. Das wiederum ist wichtig, um tolerant sein zu können. Der Glaube befähigt die Menschen, richtige Urteile zu fällen, und gibt ihnen Stabilität.

Ikeda: Fester Glaube und innere Gewissheit sind eine gute Grundlage für Gesundheit und ein langes Leben. Wie lange kann das Leben aus medizinischer Sicht verlängert werden?

Unger: Meiner Meinung nach kann ein Mensch, wenn dem nichts entgegensteht, maximal 120 Jahre alt werden. Das Ende des Lebens wird von unseren Genen bestimmt.

Ikeda: 120 Jahre! Was für ein wunderbarer Zufall. In *Worte und Sätze des Goldglanz-Sutra* von Tiantai, einer wichtigen buddhistischen Schrift, wird das gleiche mögliche Alter angegeben.

Unger: Man sagt, dass sich die menschlichen Zellen in der einen oder anderen Form bis zum Alter von 120 Jahren erneuern können; danach verlieren sie diese Fähigkeit.

Ikeda: Was unsere Langlebigkeit angeht, stimmen die buddhistischen Lehren und die moderne medizinische Wissenschaft in bemerkenswerter Weise überein. Obwohl die Menschen natürlich immer gern wissen wollen, wie lange sie wohl leben werden, ist die Lebensqualität viel wichtiger als die reine Lebensdauer. Das *Dhammapada* sagt: »Besser einen Tag in Kraft und Weisheit leben als hundert Jahre ein schwaches, müßiges Leben führen.«[58] Und in Nichirens Schrift *Die drei Arten von Schätzen* heißt es: »Doch ist es besser, einen einzigen Tag in Ehre zu leben, als hundertzwanzig Jahre alt zu werden und in Schande zu sterben.«[59]

Können Sie aufgrund Ihrer großen Erfahrung als Herzchirurg erkennen, welche Art von Herz ein langes Leben verspricht?

Unger: Jedes menschliche Herz ist anders. Wenn wir operieren, können wir aus der Kontraktion und Färbung eines Herzens häufig darauf schließen, dass es nach einem erfolgreichen Eingriff noch mindestens 20 Jahre schlagen kann.

Ikeda: In Japan, wo die durchschnittliche Lebenserwartung höher ist als sonst irgendwo auf der Welt, stehen Herzkrankheiten nach Krebs bei den Todesursachen an zweiter Stelle. Wie können wir selbst durch unser Verhalten die Gefahr einer Herzerkrankung minimieren?

Unger: Es kommt vor allem auf die Ernährung an. In den ländlichen Gebieten Japans führt Krebs – vor allem Speiseröhrenkrebs – zu vielen Todesfällen, während es vergleichsweise wenige Fälle von Herzkrankheiten gibt. In Tokio – wie auch in anderen Großstädten, zum Beispiel Los Angeles und San Francisco, wo sich die Menschen zu reichhaltig ernähren und zu viel Fleisch essen – gibt es dagegen zahlreiche Todesfälle durch Herzkrankheiten.

Ikeda: Bis etwa in die 1970er Jahre war die häufigste Todesursache in den ländlichen Gebieten Japans eine zerebrovaskuläre Erkrankung, gefolgt von Krebs. Herzkrankheiten waren dagegen relativ selten. Heute jedoch, da auch die Landbevölkerung mehr Fleisch isst, nehmen die Herzkrankheiten zu. Tiantai führt in seiner Schrift *Das Große Innehalten und Betrachten* zügellose Essgewohnheiten als Ursache von Krankheiten an. Eine andere buddhistische Schrift, das *Gocaropaya-Sutra*, nennt die folgenden Auswirkungen von Überernährung:

1. Faulheit,
2. zu langes Schlafen, das andere Menschen in Schwierigkeiten bringt,
3. Verschlechterung der körperlichen Verfassung und Krankheit.

Unger: Es gibt drei einfache Regeln, wie man Herzerkrankungen vorbeugen kann:

1. nicht rauchen,
2. cholesterinreiche Lebensmittel meiden,
3. sorgfältige Überwachung des Blutzuckers bei Diabetikern.

Ikeda: Eine sehr klare Ansage! Ich habe auch gehört, dass es gesund sein soll, vor dem Schlafengehen einen Schluck Wasser zu trinken. Es verhindert Dehydrierung und fördert die Blutzirkulation. Stimmt das?

Unger: Eine bessere Durchblutung schützt das Gehirn. Darum ist es wichtig, viel Wasser zu trinken. Es heißt, dass Menschen ohne Herz- oder Nierenprobleme etwa zwei Liter pro Tag trinken sollten. Allerdings nicht zu viel Mineralwasser, das viel Natrium enthält, da es Bluthochdruck begünstigt.

Ikeda: Wie sollte man sich ernähren, um das Herz zu schützen? Können Sie da etwas empfehlen?

Unger: Das Beste ist, von allem nur die Hälfte zu essen. Fleisch sollte es nur etwa einmal pro Woche geben, stattdessen Fisch, Obst, Getreide und Gemüse. Ein gutes Glas Wein ist auch in Ordnung. Das Stichwort ist Ausgewogenheit. Übermäßiges Essen und Trinken machen unweigerlich krank.

Ikeda: Maßvolle Ernährung ist der Schlüssel. Die *Dharma-Analyse-Schatzkammer* listet vier Kategorien von Nahrung auf:

1. Lebensmittel, die man tatsächlich in den Mund nimmt, wie Fleisch, Fisch und Gemüse,
2. Dinge, die Freude und Vergnügen bereiten, wie zum Beispiel gute Musik und schöne Kunst,
3. Dinge, die belebend wirken, indem sie zum Nachdenken anregen und Hoffnung schenken und
4. geistige Kraft, die den Lebenswillen anregt.

Als Nahrung werden hier nicht nur Essen und Getränke betrachtet, sondern alles, was Lebensenergie liefert.

Das Zusammenspiel dieser vier Energiequellen sorgt für eine gute Gesundheit. Welche Art von Bewegung ist am besten für das Herz?

Unger: Tägliches Gehen. Auch Treppensteigen ist gut. Ich persönlich fahre nie mit dem Aufzug. Drei Stockwerke hochzulaufen ist meiner Meinung nach besser als eine Stunde Joggen oder eine Trainingseinheit im Fitnessstudio.

Ikeda: Auf die Gesundheit zu achten, ist ganz sicher ein Zeichen von Weisheit. Eine buddhistische Übung besteht darin, in einem klar abgegrenzten Raum auf und ab zu gehen, um die körperliche Verfassung zu regulieren. In dem Werk *Die vierfachen Regeln der Disziplin* werden dieser Übung fünf Wirkungen zugeschrieben:

1. Sie steigert die Fähigkeit, weit zu laufen.
2. Sie fördert die Reflexion.
3. Sie verringert das Krankheitsrisiko.
4. Sie fördert die Verdauung.
5. Sie verlängert die geistige Gesundheit.

Gandhi schrieb: »Egal wie viel Arbeit man hat, man sollte Zeit für Bewegung finden, so wie man sie für Mahlzeiten findet. Es ist meine bescheidene Meinung, dass Bewegung die Leistungsfähigkeit nicht verringert, sondern sogar erhöht.«[60]

Welche Tageszeit ist für sportliche Betätigung die beste?

Unger: Der Morgen. Bewegung am Morgen erhöht den Puls und regt den Kreislauf an. So ist man besser gewappnet für die Herausforderungen des Tages.

Ikeda: Und welche Möglichkeiten der Stressbekämpfung sind gut für das Herz?

Unger: Auch hier wieder: maßvolles Laufen. Außerdem die richtige Menge Schlaf. Und es ist wichtig, andere zu lieben und geliebt zu werden.

Ikeda: Wichtige Wahrheiten, ganz einfach auf den Punkt gebracht. Gibt es eine ideale Menge an Schlaf pro Tag, obwohl jeder Mensch anders ist?

Unger: Das variiert je nach Alter und körperlichen Bedürfnissen. Ältere Menschen brauchen weniger Schlaf, aktive Menschen in der Blüte ihres Lebens mehr. Junge Leute hingegen können auch mal ganz auf Schlaf verzichten. Besonders effektiv ist ein kurzes Nickerchen nach dem Mittagessen. Deshalb ist es im Mittelmeerraum üblich, Siesta zu halten.

Zudem sollte man seine Tagesaktivitäten an die aktuellen Umstände anpassen. Bei heißem Wetter ist es zum Beispiel besser, in den kühlen Morgenstunden zu arbeiten und in den heißesten Stunden des Tages zu ruhen. Ist eine Temperaturveränderung nicht möglich, passt man eben den Zeitplan an. Auch ist es wichtig, sich nicht zu hetzen, sondern ein möglichst gleichmäßiges Arbeitstempo beizubehalten.

Ein neuer Blick auf die Ursprünge des Lebens und die Evolution

Ikeda: Alle irdischen Lebensformen bestehen aus Proteinen, die durch die DNS genetisch festgelegt sind. Alle stammen von der ersten DNS auf der Erde ab, die sich über einen Zeitraum von vier Milliarden Jahren in unzählige Formen verzweigt hat, von denen einige heute ausgestorben sind. Auf diese Weise erklären die moderne Medizin und die Molekularbiologie den Ursprung des Lebens und den Mechanismus der Evolution. Wie schätzen Sie das ein?

Unger: Im Laufe der Menschheitsgeschichte haben wir viele biologische Evolutionsmodelle entwickelt. Im 20. Jahrhundert lehrte uns die Molekularbiologie, dass die genetische Information jedem Lebewesen in Form einer Basensequenz eingeschrieben ist. Dank der Entdeckung der DNS konnten wir die biologische Evolution auf der Grundlage der genetischen Mutation erklären. Wir wissen, dass alle Lebensformen auf der Erde von der Ursprungs-DNS abstammen und auf molekularer Ebene alle auf die gleiche Weise entstanden sind. Die heutigen Entwicklungen in der Gentechnik bilden die Grundlage dafür, dass wir die biologische Evolution genetisch erklären können. Die traditionelle Biologie konnte keine Erklärung für die Entstehung und Entwicklung des Lebens liefern. Die Gentechnik bietet uns dafür neue Erkenntnisse an. Zweifellos werden weitere Entwicklungen in diesem Bereich zu noch detaillierteren

Einsichten führen. Die Gentechnologie wird uns eine völlig neue Dimension eröffnen und unser Leben stark beeinflussen. Ich bin überzeugt, dass sie uns helfen wird, die Schöpfung Gottes besser zu verstehen.

Ikeda: Ein starkes Symbol für die Fortschritte in der Gentechnik war die Entschlüsselung des menschlichen Genoms im Jahr 2003. Sie zeigte, dass der Mensch etwa 30 000 Gene besitzt.

Unger: Es besteht keinerlei Zweifel daran, dass das unablässige Voranschreiten der Gentechnologie zunehmenden Einfluss auf die Biologie gewinnt. In Zukunft werden wir dank der Entschlüsselung des menschlichen Erbguts unser Wissen immer mehr erweitern und so Diagnosen und Therapien zur Vorbeugung oder Verhinderung genetisch bedingter Erkrankungen entwickeln können. Auch in der Pharmazie wird künftig bei der Entwicklung zahlreicher Produkte – wie etwa des für Diabetiker benötigten Insulins – Gentechnik unverzichtbar sein.

Ikeda: Unbestreitbar birgt die Gentechnik viele Vorteile für den Menschen; Gendiagnostik und -therapie werden mit Sicherheit immer häufiger zum Einsatz kommen.

Unger: Absolut. Und es wird immer neue Diagnoseverfahren und Therapien geben.

Ikeda: Es gibt aber auch viele, die in den raschen Fortschritten auf diesem Gebiet eine Gefahr sehen und vor solchen Eingriffen in das Leben selbst warnen. Wir müssen die negativen Aspekte der Genforschung auf jeden Fall genau im Blick behalten, denn sie berühren entscheidende Fragen unserer Existenz. So wird unter anderem darauf hingewiesen, dass Menschen, bei denen ein Gen entdeckt wird, das sie für eine bestimmte Krankheit prädisponiert, schlechtere Chancen auf einen Arbeitsplatz oder Schwierigkeiten bei der Aufnahme in eine Versicherung haben könnten.

Unger: Nicht alle genetischen Informationen sind bislang vollständig entschlüsselt worden. Und Sie haben Recht: Das Dekodieren unseres genetischen Codes kann nicht nur Verbesserungen bringen, sondern auch zur Bedrohung werden. Es wäre durchaus denkbar, dass künftig jemand, der von seiner genetischen Veranlagung her eine höhere Wahrscheinlichkeit hat, im Alter von 60 Jahren an Krebs zu erkranken, nicht versichert wird oder keinen Arbeitsplatz bekommt. Bei unserem derzeitigen Wissensstand wären solche Diagnosen voreilig und unangebracht.

Ikeda: Da bin ich ganz Ihrer Meinung. Genetische Informationen zu nutzen, um in die Privatsphäre von Menschen einzudringen, ihnen Versicherungsschutz oder einen Arbeitsplatz zu verweigern oder sie als potenzielle Lebenspartner auszuschließen, hieße, das Pferd von hinten aufzäumen. Genetische Informationen gehören als Bauplan eines ganzen Lebens in den elementarsten Bereich unserer Privatsphäre. Deshalb muss die Gendiagnostik stets deren Schutz und wirkungsvolle Nutzung gegeneinander abwägen. Die Wissenschaft muss dafür sorgen, dass die Menschenwürde gewahrt bleibt.

Unger: Die Europäische Akademie der Wissenschaften und Künste veranstaltete im Jahr 2001 gemeinsam mit der National Academy of Medicine in Washington, D.C. eine Forschungskonferenz zum Thema »Die Auswirkungen der Gentechnik auf den Menschen«. Es wurde in zwei großen Blöcken behandelt: Im ersten diskutierten Fachleute die neuesten Ergebnisse der Gentechnologie; im zweiten untersuchten Fachleute der Philosophie, Theologie und Ökonomie die Implikationen für Mensch und Gesellschaft.

Ikeda: Genau so muss es sein. Die Gentechnik muss berücksichtigen, was Philosophen, Theologen, Ökonomen und andere zu sagen haben, wenn sie dem menschlichen Glück dienen soll.

Unger: Die Gentechnologie beeinflusst alle Bereiche. Unsere Konferenz beleuchtete sowohl schwerwiegende negative Auswirkungen als auch die Erwartungen und Hoffnungen, die sie weckt. Zu Letzteren gehört, dass sie einen neuen Industriezweig hervorbringen wird, der die Branche für die beträchtlichen Investitionen in das Genomprojekt entschädigt.

Ikeda: Die Kernfrage besteht darin, wie wir die Gentechnologie zum Wohl der Menschheit nutzen und zugleich ihre negativen Aspekte unter Kontrolle halten können. Welche Position vertreten Sie in dieser Hinsicht?

Unger: Ich vertrete den naturwissenschaftlichen Standpunkt, dass der Mensch alles, was existiert, erforschen sollte. Die Wissenschaft liefert uns eine Fülle von Informationen, die uns helfen, Krankheiten zu überwinden und unser Leben lebenswerter zu machen. Die Gentechnik hat das Potenzial, unsere Denkweise zu revolutionieren und der Menschheit von großem Nutzen zu sein.

Reproduktionstherapie und die Verwendung von Embryonen

Ikeda: Die Medizin geht heute über Therapie und Prävention hinaus und greift in das menschliche Leben selbst ein. Die erste künstliche Befruchtung einer menschlichen Eizelle wurde 1978 vorgenommen. Seitdem hat sich die Reproduktionsmedizin mit erstaunlicher Geschwindigkeit weiterentwickelt.

Unger: Das stimmt. Ursprünglich für den Einsatz in der Tiermedizin entwickelt, erfüllt die In-vitro-Fertilisation heute die Hoffnungen vieler Paare, die keine Kinder bekommen können. Es handelt sich um ein technisches Hilfsmittel, bei dem die Befruchtung, also ein Vorgang, der normalerweise im Körper der Frau stattfindet, ausgelagert wird.

Ikeda: Tatsächlich ist die In-vitro-Fertilisation für viele ungewollt kinderlose Paare ein großer Segen. Sie hat aber auch die Tür zu medizinischen Eingriffen in der Frühphase des Lebens geöffnet. Es ist jetzt möglich, befruchtete Eizellen zu selektieren und mithilfe von Kryotechnik konservierte Embryonen zu manipulieren. Ärzte und Wissenschaftler, die in diesem Bereich tätig sind, sollten den Respekt vor der Würde des Lebens zu ihrem obersten Gebot machen und sich darauf konzentrieren, das Glück der Menschen zu steigern, indem sie ihnen helfen, Unfruchtbarkeit zu überwinden.

Unger: Auch ich bin gegen unbegrenzte Eingriffe in der Frühphase des Lebens. Ein größeres Problem als die Fertilisation zum Zweck der Reproduktion stellt heute allerdings deren Einsatz im Rahmen regenerativer Therapien in anderen medizinischen Bereichen dar. So hat etwa die Stammzellentechnik die Herstellung anderer Zellarten aus der befruchteten Eizelle im Blastozystenstadium oder aus den Zellen eines abgetriebenen Embryos ermöglicht.

Ikeda: Auf diesem Forschungsgebiet liegen große Chancen im Hinblick auf die Behandlung unheilbarer Krankheiten und die regenerative Medizin. Allerdings wirft die dafür unvermeidliche Zerstörung von Embryonen ethische Fragen auf. Der Rat für Wissenschafts- und Technologiepolitik Japans beschäftigt sich derzeit mit diesem Thema. Leider legt er als Kriterium die Nützlichkeit der Embryonenforschung zugrunde und nicht den angemessenen Umgang mit dem Leben selbst.

Unger: Viele Embryonen erreichen gar nicht erst das Stadium, in dem sie als Leben bezeichnet werden können. Nicht alle künstlich befruchteten Eizellen werden der Mutter wieder eingepflanzt; eine gewisse Anzahl wird immer verworfen. Und auch viele natürlich befruchtete Eizellen nisten sich ja nie ein. Meiner Meinung nach beginnt das menschliche Leben dann, wenn sich der Embryo in der Gebärmutter festgesetzt hat. Daher sehe ich kein großes Problem darin, befruchtete Eizellen, die nicht wieder in den Körper der Mutter eingepflanzt werden, als Forschungsmaterial zu verwenden. Dennoch sollten wir immer im Kopf behalten, was der verstorbene Ehrenpräsident unserer Akademie Kardinal Franz König einmal sagte: »Forscher müssen forschen, aber sie müssen auch auf die Stimme ihres Gewissens hören.«

Ikeda: Die Stammzellenforschung kann ein großer Segen sein, aber auch eine Bedrohung für die Würde des Lebens. Wir müssen daher große Vorsicht walten lassen. Der Eingriff in den Embryo, den Keim des Lebens, birgt die Gefahr, dass Menschen nur noch als Mittel zum Zweck betrachtet werden, was unmittelbar mit dem Verlust der Menschenwürde verbunden ist. Je weiter die Embryonenforschung fortschreitet, desto stärker muss sie sich darüber im Klaren sein, dass der Embryo der Keim des menschlichen Lebens ist.

Hirntod und Organtransplantation

Ikeda: Der Hirntod tritt ein, wenn es zu einem irreversiblen Ausfall sämtlicher Hirnfunktionen kommt und das Herz nur mit künstlicher Hilfe weiterschlagen kann. In Japan ist man geteilter Meinung darüber, ob dieser Zustand den Tod bedeutet.

Unger: Ich verwende den Begriff Hirntod nicht gern, weil die Menschen zu der Annahme neigen, dass eine Person in diesem Zustand tatsächlich schon tot sei. Ist das der Fall, dann ist die Einstellung der Intensivpflege zulässig. Ich bevorzuge den Begriff aus der französischen Neurologie: *coma dépassé* (tiefes Koma). In diesem Zustand ist das Gehirn gestört, die Körpertemperatur sinkt, das Herz funktioniert noch, aber der Kreislauf fährt herunter und die Nägel färben sich bläulich-schwarz. Aus irgendeinem Grund wurde *coma dépassé* fälschlicherweise mit »Hirntod« ins Englische [und dann auch ins Deutsche] übersetzt, und der Begriff hat sich eingebürgert.

Ikeda: Diese Problematik kommt vor allem in Zusammenhang mit Organtransplantationen zum Tragen, denn sogenannte hirntote Menschen, deren Zustand durch lebenserhaltende Maßnahmen lange beibehalten werden kann, bilden häufig die einzige Quelle für Spenderorgane. Wie sehen Sie das?

Unger: Der Hirntod wird immer zu einem bestimmten Zweck festgestellt, etwa im Zusammenhang mit einer Organtransplantation. In solchen Fällen geht es darum zu entscheiden, ob die Intensivpflege abgebrochen werden soll. Diese Entscheidung dient dann als Grundlage, Spendern rechtmäßig Organe zu entnehmen. Manche Leute befürchten, dass Organe von noch lebenden Personen entnommen werden könnten. Tatsächlich haben sich in der internationalen Praxis jedoch bestimmte relativ objektive Standards für die Feststellung des Hirntods etabliert. Diese sind strikt zu befolgen.

Ikeda: Ich habe vor längerer Zeit zwingende Kriterien vorgeschlagen, mit der zusätzlichen Bedingung, dass das Gehirn nicht mehr durchblutet ist, um den Familien der Patienten die Angst zu nehmen. Wegen des akuten Mangels an Spendern hat sich in Japan eine Bewegung gebildet, die sich darum bemüht, die Voraussetzungen zur Organentnahme bei Menschen im *coma dépassé* zu lockern. Bislang waren für eine Organentnahme ein unterzeichneter Spenderausweis und die Zustimmung durch die Familie nötig. Nach dem überarbeiteten System würde die Zustimmung durch die Familie genügen.

Meiner Meinung nach sollte allerdings der eigenständige, nicht erzwungene Wunsch des Patienten die Voraussetzung für eine Organentnahme nach dem Hirntod bilden.

Jeder Mensch definiert den Tod anders. Die Genehmigung von Organspenden allein auf der Grundlage einer Zustimmung seitens der Familie könnte zu einer Organentnahme bei Menschen führen, die den Hirntod noch nicht für den tatsächlichen Tod halten. Darüber hinaus ist es heute für Familien mit Angehörigen, die so krank sind, dass der Hirntod in absehbarer Zeit eintreten wird, in vielen Fällen schwierig, ihre volle Zustimmung zu erteilen, denn die

Erläuterungen der Ärzte fallen aus Zeitgründen möglicherweise unbefriedigend kurz aus. Ist die Einstellung des Patienten zu Hirntod, Tod und Organspende unbekannt, muss umso sorgfältiger darüber nachgedacht werden, welch große Verantwortung die überarbeiteten Normen den Hinterbliebenen auferlegen würden.

Unger: Manche befürchten, dass hirntote Patienten von therapiebedürftigen Subjekten auf bloße Objekte reduziert werden, denen je nach Belieben Organe entnommen werden können. Ich persönlich bin jedoch der Meinung, dass die Verwendung des Begriffs *coma dépassé* die Würde eines Spenders wahrt, der sich vor seinem Tod klar dafür ausgesprochen hat, einem anderen Menschen lebenswichtige Organe zu spenden. Dies ist ein Vorgang des Lebens. Der offenbar in einigen Ländern praktizierte Organhandel ist dagegen strikt abzulehnen, da er das Vertrauen in die Medizin und die Ärzte schwer beschädigt.

Ikeda: Dem stimme ich voll und ganz zu. Da nicht ausreichend menschliche Organe für notwendige Transplantationen zur Verfügung stehen, werden als Alternative auch Organe von Tieren in Betracht gezogen. So ist zum Beispiel die Transplantation von Schweineherzen im Gespräch. Wie denken Sie darüber?

Unger: Das ist ein sehr kompliziertes Thema. Spontan löst es bei mir Widerspruch aus, denn die Wahrscheinlichkeit, dass mit dem Organ auch die Viren des Tieres transplantiert werden, ist hoch.

Ikeda: Dann müssen wir unsere Hoffnungen wohl auf künstliche Organe setzen. Sie selbst haben 1986 mit der Entwicklung des kleinsten Kunstherzens eine Pioniertat vollbracht und sich auf diesem Gebiet weltweit einen Namen gemacht. Es war sicher ein sehr schwieriges Unterfangen.

Unger: Ich begann 1975 mit der Entwicklung eines Kunstherzens (Ellipsoidherz) als Übergangslösung bis zur Transplantation eines echten Spenderorgans. 1986 setzten wir es dem ersten Patienten ein. Dies war ein bahnbrechender Schritt, der auch noch 20 Jahre später ein wirklich großer Wurf ist. Das Kunstherz muss sehr einfach strukturiert sein, sonst kann es nicht ordnungsgemäß funktionieren. In der Folge führten technologische Innovationen zur Entwicklung eines Kunstherzens für den klinischen Einsatz. Die Zukunft sieht vielversprechend aus. Das künstliche Herz wird eines Tages so einfach zu handhaben sein wie heute der Herzschrittmacher.

Sterbehilfe

Ikeda: Die Legalisierung der Sterbehilfe in den Niederlanden 2001 und in Belgien 2002 hat die Bioethik in Zusammenhang mit dem Tod in ein neues Licht gerückt. Im Grunde geht es um die Frage, ob es zulässig ist, das Leben bewusst zu verkürzen, um das Leiden eines unheilbar kranken Patienten zu beenden. Wie stehen Sie dazu?

Unger: Ich persönlich lehne die Sterbehilfe ab. Ich halte sie sowohl vom medizinischen als auch vom menschlichen Standpunkt aus für unzulässig. Der Arzt hat die Aufgabe, mithilfe geeigneter Therapien das Leben zu verlängern, nicht, es zu zerstören. Die Debatte um die Sterbehilfe kam übrigens nicht im klinischen Umfeld auf. Sie drehte sich anfänglich darum, ob auch das Leben von Menschen mit langwierigen Bewusstseinsstörungen (im sogenannten vegetativen Zustand) oder Menschen mit schweren geistigen Störungen wertvoll sei. Mit anderen Worten: ob es zulässig sei, nicht lebenswertes Leben zu verkürzen. Dies bildete die theoretische Grundlage des Euthanasieprogramms der Nazis. Es ist nicht die Aufgabe des Arztes, über die Qualität eines Lebens zu urteilen. Deshalb finde ich es auch falsch, wenn Ärzte das Wort Sterbehilfe allzu leicht in den Mund nehmen. Statt darüber zu sprechen, wie man Patienten vom Leben zum Tod befördern kann, sollten sie lieber erörtern, wie man unheilbar Kranke am besten von ihren Schmerzen befreit.

Ikeda: Sie haben vollkommen recht. Ärzte sollten alles tun, um mithilfe von Anästhesie und Analgetika Schmerzen zu lindern. Die Meinung, dass eine lebensverlängernde Therapie das Leid des Patienten verschlimmert und ihm die Würde nimmt, war einer der Beweggründe für die kürzlich erfolgte Legalisierung der Sterbehilfe.

Dabei gehen die Überlegungen zur Menschenwürde derzeit eigentlich an der Sache vorbei, denn sie fokussieren sich vor allem auf die kognitiven Fähigkeiten beziehungsweise auf die Persönlichkeit als eine Funktion davon. Folglich geht man davon aus, dass eine kognitive Regression oder ein unheilbarer Verlust der psychosomatischen Funktionen die Menschenwürde beeinträchtigt. Auf dieser Grundlage könnte Sterbehilfe bei schwachen Patienten mit unheilbaren Krankheiten erzwungen werden. Und das dürfen wir nicht zulassen.

Nahtoderfahrungen

Ikeda: Sie haben unzählige Patienten im Angesicht des Todes erlebt. Haben Sie dabei Erfahrungen gemacht, die auf das Wunder des Lebens und die Großartigkeit des Lebenswillens hindeuten?

Unger: Ich war bei Operationen mehrmals ehrfürchtiger Zeuge, wie bei einem Patienten das Leben aus dem Körper wich. Man spürt es, wenn die Seele den Körper verlässt.

Ikeda: In wissenschaftlichen Berichten über Nahtoderfahrungen, die in den Vereinigten Staaten veröffentlicht wurden, heißt es, dass man Lichtringe sieht, in einen dunklen Tunnel hineingesogen wird oder den physischen Körper verlässt und sich etwa selbst während einer Operation beobachtet. Hatten Sie Patienten mit ähnlichen Nahtoderfahrungen? Was halten Sie persönlich davon?

Unger: Ich habe viele Patienten gekannt, die – auch nachdem es kaum noch wahrscheinlich schien, dass sie das Bewusstsein wiedererlangen würden – nach mehreren Tagen im Koma wieder ins Leben zurückgekehrt sind. Alle sagten, sie seien auf ihrem Weg durch eine lange, enge Röhre von einem wunderbaren, warmen Licht überflutet worden und nur ungern in diese Welt zurückgekehrt. Ich denke, diese Nahtoderfahrungen offenbaren uns den Sinn unserer Existenz. Vielleicht liegt er ja gerade in dieser tiefen Sehnsucht, in einem hellen Licht aufzugehen.

Ikeda: Die schweizerisch-amerikanische Psychiaterin Elisabeth Kübler-Ross (1926–2004) beschreibt ihre eigene Erfahrung: wie sie ihren Körper verließ, über ihrem Bett stand und auf sich selbst herabschaute. Sie spricht auch von einer Annäherung an ein Licht und einem Verschmelzen damit. Ihre Beschreibung hat viel mit den von Ihnen erwähnten Nahtoderfahrungen gemein.

Das immer wieder erwähnte Licht erinnert an Tolstois Erzählung *Der Tod des Iwan Iljitsch.* Sie handelt von einem einfachen Regierungsbeamten, der eine tödliche Krankheit bekommt und mit der Angst vor dem Sterben kämpft, bis er schließlich das reine Glück ewigen Lichts erreicht. Das Licht, das die Zeit durchdringt, symbolisiert den Sprung ins ewige Leben.

Die buddhistische Lehre von den neun Bewusstseinsschichten befasst sich mit den tiefen Ebenen des Bewusstseins und erläutert, dass nach dem Tod das individuelle Leben mit dem ewigen, grundlegenden Leben des Universums, also dem kosmischen Leben, verschmilzt.

Die Nahtoderfahrungen von Menschen mit völlig unterschiedlichem Hintergrund enthalten universelle, kultur- und religionsübergreifende Elemente. Auch wenn vieles daran unerklärbar bleibt, sind sie doch faszinierend.

Die Ewigkeit des Lebens

Ikeda: Wenn wir über den Tod nachdenken, stellt sich auch die schwierige Frage nach der ewigen Natur des Lebens. Dem Buddhismus zufolge wiederholen sich Geburt und Tod in einem stetigen Kreislauf, sodass das Leben ewig ist. Wie sehen Sie das?

Unger: Dies ist ein sehr schwieriges Thema. Das Christentum lehrt, dass Seele und Geist bis zum Tod eins mit dem Körper sind. Dann wird die Seele befreit; sie steigt auf und geht in das ewige Leben ein.

Die gentechnischen Entwicklungen setzen diese Vorstellung nicht außer Kraft. Nehmen wir einmal an, dass in den Chromosomen einer Fliege eine Anomalie auftritt, die Blindheit verursacht. Auch die Nachkommen dieser Fliege werden blind sein. Das Gleiche trifft für alle Tiere und Pflanzen zu und auch für den Menschen. Unsere Religion lehrt, dass Gott, der Schöpfer, uns das Leben schenkt. Wie sollen wir dagegen wissen, woher wir kommen und wohin wir gehen, wenn das Leben von Genen oder sogar von Proteinketten bestimmt wird? Wieder einmal haben wir es mit dem alten Grundproblem zu tun. Vielleicht ist die Ewigkeit des Lebens für uns nur mit dem Bewusstsein und dem Unterbewusstsein zu spüren. Vielleicht können wir nur Anhaltspunkte dafür finden, wenn wir unsere Intuition verfeinern.

Was sagt die Lehre von den neun Bewusstseinsschichten über das ewige Leben?

Ikeda: Die ersten fünf Bewusstseinsschichten bestehen aus den Sinneswahrnehmungen – dem Sehen, Hören, Riechen, Schmecken und Fühlen –, die über die Augen, Ohren, Nase, Zunge und den Körper aufgenommen werden. Das sechste Bewusstsein sammelt, analysiert und beurteilt die über die fünf Sinne aufgenommenen Informationen. Unsere täglichen Aktivitäten basieren hauptsächlich auf diesen sechs Lebensfunktionen. Auf noch tieferen Ebenen befinden sich das siebte oder Mano-Bewusstsein (die innere spirituelle Welt, die unabhängig von den Sinneseindrücken existiert) und das achte oder Alaya-Bewusstsein (das karmische Lagerhaus). Hier geht es um das Tiefenbewusstsein oder Unterbewusste.

Unger: Das Zusammenspiel von Bewusstem und Unterbewusstem ist heutzutage ein wichtiges Forschungsgebiet. Jüngst hat die Hirnforschung aufgedeckt, dass dem Bewusstsein und dem freien Willen Aktivitäten der Kranial- oder Hirnnerven vorausgehen. Messungen der Hirnstrukturen lassen auf eine unbewusste Absicht hinter bewussten Handlungen schließen. Also würde ich vermuten, dass unser Leben in dieser Welt aus dem Unterbewusstsein entsteht, das sich weit ins Bewusste hinein ausdehnt.

Ikeda: Das klingt sehr interessant. Modern ausgedrückt könnte man das Karma, das in der Lehre des Buddhismus im Kreislauf von Leben und Tod fortbesteht, als potenzielle Lebensenergie bezeichnen. Das Karma besteht im Alaya-Bewusstsein kontinuierlich weiter. Stirbt ein Mensch, sind die Vorgänge aller sieben anderen Bewusstseinsschichten latent im achten Bewusstsein vorhanden, von dem es heißt, dass es weiter wirkt. Der weltberühmte Physiker und ehemalige Rektor der Staatlichen Moskauer Universität Anatoli A. Logunow (1926–2015) äußerte während einer Erörterung dieses Themas großes Interesse an der Fortbestehung des Karmas.

Auf einer noch tieferen Ebene als dem Alaya-Bewusstsein postuliert der Buddhismus ein neuntes (grundlegendes, reines) Amala-Bewusstsein, das auch als das kosmische Leben selbst betrachtet werden kann. Sie haben erwähnt, dass unser Leben in dieser Welt aus dem Unterbewusstsein entsteht, das sich weit in das Bewusste hinein ausdehnt. Der Tod lässt das einzelne Leben im kosmischen Leben aufgehen. Die Geburt ist eine Manifestation des Alaya-Bewusstseins im Mano-Bewusstsein und in anderen Bewusstseinsebenen.

Unger: Um das ewige Leben erspüren zu können, müssen wir wahrscheinlich sowohl unser Bewusstsein als auch unser Unterbewusstsein einsetzen und unsere Intuition weiterentwickeln.

Medizinethik und medizinische Praxis

Ikeda: Als Arzt muss man den Hippokratischen Eid schwören. Er verpflichtet dazu, alle erforderlichen Maßnahmen zum Wohl der

Kranken zu ergreifen, sie vor Schaden und Unrecht zu bewahren, keine tödlichen oder abtreibungsfördernden Medikamente zu verabreichen, sich an die Schweigepflicht zu halten und so weiter.

Unger: Der Hippokratische Eid ist ein universeller, für alle Ärzte geltender ethischer Grundsatz, denn er lehrt uns, dass es unsere Pflicht ist, Schmerzen zu lindern und Krankheiten zu behandeln und zu heilen.

Ikeda: Wie stellen Sie sich den idealen Arzt vor?

Unger: Ich sage immer, wir brauchen Ärzte und keine Medizintechniker. Ein guter Arzt ist für mich jemand, der als Persönlichkeit eine große Ausstrahlung hat; der warmherzig und mitfühlend ist; der ein gutes Urteilsvermögen hat und zwischen dem Wichtigen und dem Unwichtigen zu unterscheiden vermag. Außerdem muss er sich an die überlieferten ethischen Grundsätze halten: die Eltern ehren, nicht töten oder stehlen und so weiter. Mit den Fortschritten in der Medizin werden von Ärzten verschiedenste Kenntnisse und technische Fertigkeiten verlangt. Die therapeutischen Möglichkeiten werden immer komplexer. Umso wichtiger ist es daher, eine grundlegende Ethik des Lebens zu haben.

Ikeda: Das leuchtet ein. Welche Voraussetzungen müssen Ärzte noch erfüllen?

Unger: Ärzte müssen Tag und Nacht für ihre Patienten da sein und sie schützen.

Ikeda: Sie haben es auf den Punkt gebracht. Das *Goldglanz-Sutra* lehrt, dass Ärzte stets und unter allen Umständen mitfühlend und frei von Profitgier sein müssen. Sie sind dazu da, das Leiden der Patienten zu lindern, nicht, um damit Geld zu verdienen. Daher brauchen sie auf jeden Fall ein mitfühlendes Herz. Sie, Professor Unger, sind im wahrsten Sinne für Ihre Patienten da.

Unger: Es ist nett, dass Sie das sagen. Danach zu streben ist mir tatsächlich ein tiefes Bedürfnis.

Ikeda: Ich stelle mir vor, dass jeder chirurgische Eingriff für Sie eine Art Schlachtfeld ist, auf dem sie unablässig um den Sieg ringen. Gibt es bestimmte Grundsätze, an die Sie sich halten, um sicherzustellen, dass Sie für jede Operation in perfekter Verfassung sind?

Unger: Ich habe es mir zur Gewohnheit gemacht, mich immer wieder daran zu erinnern, was für ein Arzt ich sein möchte, und dass das die Grundlage meiner Arbeit bildet. Tagtäglich kann ich meinen Patienten durch Beratung und Operationen direkt helfen. Die Begegnung mit ihnen stärkt mich, und das beratende Gespräch ist meine Energiequelle.

Ikeda: Jīvaka war ein berühmter Arzt, der zur Zeit von Shakyamuni lebte. Sein Name bedeutet im Sanskrit »voller Leben« oder »Lebensspender«. Ich bin sicher, dass Ihre lebensspendende Einstellung Ihren Patienten große Sicherheit gibt. Sie haben einmal gesagt, dass der Patient der König des Arztes sei und der Arzt all sein Wissen und Können zum Wohle des Patienten einsetzen müsse. Das ist eine sehr wichtige Aussage.

Unger: Es ist Aufgabe und Ziel des Arztes, dem Patienten zu dienen, als wäre er sein Herr. Er darf ihn nie als bloßes Objekt oder Mittel zum Zweck betrachten. Jeder Mensch ist ein Subjekt. Meiner Überzeugung nach muss den Rechten und der Stellung des Patienten wieder der Rang eingeräumt werden, der ihnen gebührt.

Ikeda: Nicht nur in der Medizin, sondern in allen Bereichen haben diejenigen in Führungspositionen zuallererst die Pflicht, den Menschen zu dienen. Ziel unserer SGI-Bewegung ist es, ein Zeitalter zu erschaffen, in dem die einfachen Menschen die führende Rolle spielen und die Führungspersonen ihnen dienen.

Das Recht des Patienten auf Selbstbestimmung

Ikeda: Im Zusammenhang mit der Medizinethik interessiert mich Ihre Meinung zum Selbstbestimmungsrecht des Patienten. Seine größere Betonung scheint die Patientenrechte während der Therapie zu stärken und für ein ausgewogeneres Verhältnis zwischen Patient und Arzt zu sorgen.

Unger: Ja, das ist wahr. Je mehr diese Rechte in den Vordergrund treten, desto mehr sprechen sich die Menschen gegen deren Verletzung und die Behandlung des Patienten als bloßes Objekt ohne eigene Meinung aus. Als Grundlage unseres Tuns müssen wir anerkennen, dass Patienten Subjekte sind, die eine Behandlung bekommen. Es ist völlig angemessen, wenn sie die vorgeschlagenen Therapien vollständig verstehen und an den damit zusammenhängenden Beurteilungen und Entscheidungen beteiligt werden möchten.

Ikeda: Ja, der Schwerpunkt sollte auf dem Selbstbestimmungsrecht des Patienten liegen. Dennoch sind die Entscheidungen, die in der modernen Therapie getroffen werden müssen, sehr komplex und erfordern eine Abwägung aus vielen verschiedenen Blickwinkeln, einschließlich der Themen, die wir bereits angesprochen haben: künstliche Befruchtung, Organhandel, der Wunsch unheilbar kranker Patienten nach Sterbehilfe und so weiter.

Was denken Sie über diese erweiterte Palette von Entscheidungen, die ein Patient heute treffen muss?

Unger: Ich denke, Patienten haben das Recht, ihre Therapie selbst auszuwählen. Ein guter Arzt wird sein Möglichstes tun, um seinen Patienten sowohl die Risiken als auch die Vorteile der von ihm vorgeschlagenen Behandlungsmöglichkeiten zu erläutern und sie zu motivieren, eine vernünftige, selbstbestimmte Entscheidung zu treffen.

Von zentraler Bedeutung ist hier das Arzt-Patienten-Gespräch. Bedauerlicherweise verspielt die Medizin heute oft die Chance auf einen ausführlichen Dialog. Aus meiner 30-jährigen Erfahrung weiß ich, dass Patienten die richtigen Entscheidungen treffen, wenn sie umfassend aufgeklärt werden und alles in Ruhe überdenken können. Viele Probleme lassen sich in einer für beide Seiten zufriedenstellenden Weise lösen, wenn die Menschen bereit sind, miteinander zu sprechen.

Ikeda: Heutzutage ist es gängige medizinische Praxis, dass Ärzte ihre Patienten gründlich über eine Therapie aufklären, damit sie diese verstehen und freiwillig ihre sogenannte informierte Einwilligung geben können. Dies setzt natürlich voraus, dass der Patient auch in der Lage ist, seine Einwilligung zu geben. Wie sehen Sie das, wenn es sich um Minderjährige handelt?

Unger: Bei Kleinkindern stellt sich die Frage der Selbstbestimmung etwas anders. In solchen Fällen muss die Entscheidung Eltern und Erwachsenen überlassen werden. Ein Kind ist nicht in der Lage zu bestimmen, was das Beste für es ist. Das Gleiche gilt für schwer geistig behinderte und entwicklungsbeeinträchtigte Patienten. In diesen Fällen sind intensive Einzeluntersuchungen unverzichtbar. Ein Arzt, der sich dem Lebensrecht des Patienten verpflichtet fühlt, wird darauf achten, diesem nicht mehr Selbstbestimmungsrecht zu entziehen als unbedingt nötig, und ihn motivieren, zur bestmöglichen Entscheidung zu gelangen. Es kann nicht oft genug wiederholt werden: Dialog und Vertrauen bilden die unverzichtbare Grundlage jeder medizinischen Behandlung.

Behandlungsfehler

Ikeda: Dem stimme ich voll und ganz zu. Der Patient hat das Recht, über die Therapie, der er sich unterziehen soll, informiert zu werden und von deren Nutzen überzeugt zu sein. Der Arzt hat die Pflicht, ihm die Lage zu erklären.

In Japan kommt es immer häufiger zu Behandlungsfehlern – zu Operationsfehlern, der Verabreichung falscher Medikamente und so weiter. Das ist zu einem echten gesellschaftlichen Problem geworden. Wie können wir Ihrer Meinung nach solche Fehler am besten vermeiden?

Unger: Auch ein Arzt ist nur ein Mensch und macht Fehler. Deshalb ist es so wichtig, jeden Behandlungsfehler gründlichst auf seine Ursachen hin zu untersuchen. Die heutige Medizin ist sehr stark defensiv ausgerichtet und setzt sich mit solchen Problemen erst dann auseinander, wenn sie wirklich nicht mehr zu ignorieren sind. Außerdem sind Ärzte durch die Krankenhausbürokratie und Berge von Papierkram belastet. Die Digitalisierung, etwa von Patientenakten, hat zur Folge, dass sie immer mehr Zeit vor dem Computer und immer weniger Zeit mit den Patienten verbringen.

Ikeda: Die Lage ist wirklich besorgniserregend. Der gesamte medizinische Bereich wird zweifellos immer komplexer und die Arbeitsbelastung nimmt zu. Dennoch muss sich der Arzt, je weiter sich die Medizintechnik entwickelt, noch mehr um Menschlichkeit bemühen.

Unger: Deshalb beharre ich darauf, dass das Bürokratische in unserem Krankenhaus nie die Oberhand gewinnen darf. Eine Krankenhausbürokratie funktioniert nur dann perfekt, wenn die Patientenzahlen auf null zurückgehen. Ich möchte nicht, dass das bei uns passiert. Unser Gesundheitssystem muss patientenorientiert sein.

Ikeda: Sie sprechen da einen wichtigen Punkt an, der nicht nur Krankenhäuser betrifft. Alle Organisationen müssen von Anfang an entscheiden, für wen und zu welchem Zweck sie da sind. Wenn ich Sie betrachte, erinnere ich mich an die Forderung des Hippokratischen Eides, dass Wissen und Fähigkeiten nicht zur Ausbeutung der Menschheit, sondern zum Dienst an ihr eingesetzt werden sollen. Genau das ist auch das Anliegen Ihrer Akademie.

Hippokrates sagt auch, dass ein Arzt, der die Weisheit liebt, einem Gott gleicht. Sie sind ein berühmter Arzt, der viele Leben gerettet und einen großen Beitrag zum geistigen Wachstum Europas geleistet hat. Ich wünsche Ihnen von ganzem Herzen, dass Sie all Ihre Aktivitäten weiter voller Elan fortsetzen.

Unger: Wahre Werte kommen aus dem Herzen und lassen sich von Herz zu Herz übertragen. Sie haben mich in unserem Dialog mit Ihren aufrichtigen Worten sehr berührt. Ich denke, wir haben mit unseren vielen gemeinsamen Ideen etwas sehr Fruchtbares geschaffen, und hoffe, dass wir beide auch weiterhin um des Friedens willen den Geist der Toleranz in der Welt verbreiten können.

Anmerkungen

1 Leo Tolstoi, Das Reich Gottes ist inwendig in Euch oder das Christentum als eine neue Lebensauffassung, nicht als mystische Lehre, übersetzt von Raphael Löwenfeld, Stuttgart u. a. 1894, S. 441.

2 In diesem Text wird das generische Maskulinum verwendet. Gemeint sind jedoch immer alle Geschlechter.

3 Arnold Toynbee/Daisaku Ikeda, Wähle das Leben! Ein Dialog, übersetzt von Karl Berisch, Düsseldorf 1982, S. 111.

4 http://www.scoop.co.nz/stories/WO0009/S00089/un2k-indonesian-president-abdurrahman-wahid.htm (abgerufen am 3.11.2023).

5 Vimalakirti. Das Sutra von der unvorstellbaren Befreiung, Neubearbeitung der Übersetzung von Jakob Fischer und Takezo Yokota aus dem Japanischen und Chinesischen durch Monika Dräger in Zusammenarbeit mit Dh. Aryadeva unter Einbeziehung v. a. der Übersetzungen des Sutras ins Englische und Französische, Essen 2008, S. 101.

6 The Record of the Orally Transmitted Teachings, Tokio 2004, S. 138.

7 Aurelio Peccei/Daisaku Ikeda, Noch ist es nicht zu spät, München 1998, S. 126.

8 Im Jahr 2021 wurde die Charta der SGI aktualisiert und durch die Charta der Soka Gakkai ersetzt, um die Ziele der Glaubensgemeinschaft, die Ideale hinter ihren Aktivitäten und die leitenden Prinzipien im Bereich ihres sozialen Engagements als globale Gemeinschaft für Frieden und Kultur weiter zu definieren. https://www.sokagakkai.de/charta.

9 https://euro-acad.eu/files/Charta_der_Toleranz.pdf (abgerufen am 3.11.2023).

10 Stefan Zweig, Castellio gegen Calvin oder Ein Gewissen gegen die Gewalt, Frankfurt am Main 1987, S. 158.

11 Ebd.

12 http://www.palikanon.de/diverses/asoka/asoka2.htm#FELSEN-EDIKTE, Sanchi-Pfeiler-Edikt: Keine Ordensspaltung, in: Die kleineren Pfeiler-Edikte.

13 Vgl. Carl Gustav Jung, The Undiscovered Self with Symbols and the Interpretation of Dreams, übersetzt von R. F. C. Hull, Princeton 1990.

14 Die Schriften Nichiren Daishonins, Bd. 1, Freiburg 2014, S. 776.

15 Ebd., S. 413 f.

16 The Dhammapada, übersetzt von Eknatz Easwaran, Tomales, CA 2007, S. 106.

17 Die Schriften Nichiren Daishonins, Bd. 1, S. 1156.

18 The Writings of Nichiren Daishonin, Bd. 2, Tokio 2006, S. 759.

19 Johann Wolfgang v. Goethe, Hermann und Dorothea, https://www.projekt-gutenberg.org/goethe/hermann/hermann9.html, Berlin 2016, S. 47.

20 The Record of the Orally Transmitted Teachings, S. 90.

21 Arnold Toynbee/Daisaku Ikeda, Nijuisseiki eno taiwa [Dialog für das 21. Jahrhundert, deutscher Titel: Wähle das Leben! Ein Dialog], in: Ikeda Daisaku Zenshu [Die gesammelten Werke von Daisaku Ikeda], Bd. 3, Tokio 1991, S. 271 f.

22 Die Schriften Nichiren Daishonins, Bd. 1, S. 1367.

23 Richard Nicolaus Coudenhove-Kalergi/Daisaku Ikeda, Bunmei: nishi to higashi [Zivilisationen, Ost und West], in: Ikeda Daisaku Zenshu [Die gesammelten Werke von Daisaku Ikeda], Bd. 102, S. 94.

24 Richard N. Coudenhove-Kalergi, Paneuropa, Wien/Leipzig 1924, S. XII.

25 John Kenneth Galbraith/Daisaku Ikeda, Ningen shugi no dai seiki o [Dialog für ein großes Jahrhundert des Humanismus], Tokio 2005, S. 199 f.

26 The Lotus Sutra and Its Opening and Closing Sutras, S. 135.

27 Arnold Toynbee, Die Welt und der Westen, Stuttgart 1953, S. 80.

28 Vgl. Austregésilo de Athayde/Daisaku Ikeda, Human Rights in the Twenty-first Century, aus dem Japanischen übersetzt von Richard Gage, London 2009, S. 38.

29 Ebd., S. 51.

30 Ebd., S. 63.

31 Ebd., S. 56.

32 Die Schriften Nichiren Daishonis, Bd. 1, S. 718.

33 Hugo von Hofmannsthal, Buch der Freunde, Leipzig 1959, S. 5.

34 Ebd., S. 13.

35 The Record of the Orally Transmitted Teachings, S. 138.

36 The Writings of Nichiren Daishonin, Bd. 2, S. 931.

37 Die Schriften Nichiren Daishonis, Bd. 1, S. 482.

38 https://euro-acad.eu/files/Charta_der_Toleranz.pdf (abgerufen am 3.11.2023).

39 Erich Neumann, Zur Psychologie des Weiblichen, Zürich 1953, S. 122.

40 Vgl. David Winner, Eleanor Roosevelt, San Diego, CA 2003, S. 52.

41 Vgl. Rabindranath Tagore, The English Writings of Rabindranath Tagore, Bd. 2, hrsg. v. Sisir Kumar Das, New Delhi 1996, S. 413.

42 Ebd., S. 416.

43 Ebd.

44 Mahatma Gandhi, All Men Are Brothers, New York 2000, S. 148.

45 Tsunesaburo Makiguchi, A Geography of Human Life, hrsg. v. Dayle Bethel, San Francisco 2002, S. 286.

46 Richard Coudenhove-Kalergi, Ethik und Hyperethik, Leipzig 1922, S. 115.

47 Vgl. Arthur Stanley, Stanley's Life of Thomas Arnold, London 1901, S. 94.

48 Die Schriften Nichiren Daishonis, Bd. 1, S. 4.

49 René Dubos, Der entfesselte Fortschritt. Programm für eine menschliche Welt, übersetzt von Helga Wingert-Uhde, Bergisch-Gladbach 1970, S. 195.

50 Zehn Welten (auch zehn Lebenszustände): 1) Hölle, 2) Hungergeister, 3) Tiere, 4) Asuras, 5) Menschen, 6) Himmelswesen, 7) Hörer, 8) Zur-Ursache-Erwachte, 9) Bodhisattvas, 10) Buddhas.

51 Zehn Faktoren (die allem Leben in jeder der Zehn Welten gemeinsam sind): Erscheinung, Natur, Wesen, Kraft, Einfluss, innere Ursache, Beziehung, latente Wirkung, manifeste Wirkung und deren Übereinstimmung von Anfang bis Ende.

52 Drei Existenzbereiche: 1) der Bereich der fünf Komponenten – Form, Wahrnehmung, Vorstellung, Wille und Bewusstsein –, die ein Lebewesen bilden, 2) der Bereich der Lebewesen, 3) der Bereich der Umgebung oder Umwelt.

53 Toynbee/Ikeda, Nijuisseiki eno taiwa [deutscher Titel: Wähle das Leben! Ein Dialog], S. 241.

54 Gottfried W. Leibniz, Monadologie und andere metaphysische Schriften, Hamburg 2002, S. 105.

55 The Group of Discourses (Sutta-Nipata), übersetzt von K. R. Norman, Bd. 2, Oxford 1995, S. 17.

56 2017 wurde der Atomwaffenverbotsvertrag (TPNW) in den Vereinten Nationen von 122 Staaten angenommen und trat am 22. Januar 2021 in Kraft.

57 Joseph Rotblat/Daisaku Ikeda, Auf der Suche nach der Menschlichkeit. Der Buddhist und der Nuklearforscher im Dialog, München 2008, S. 217.

58 The Dhammapada, S. 136.

59 SND-1, S. 1051 f.

60 Mahatma Gandhi, The Health Guide, New York 1978, S. 179.

Register

Über die Autoren

©+EASA

Felix Unger

Jahrgang 1946, ist als Pionier der Herz-Kreislauf-Medizin und Autor von über 400 wissenschaftlichen und medizinischen Publikationen einer der führenden Herzspezialisten der Welt. Er ist der Erfinder des Ellipsoidherzens, eines künstlichen Herzens, mit dessen Hilfe ihm die erste erfolgreiche Kunstherzimplantation in Europa gelang. Unger schloss 1971 sein Studium an der Universität Wien ab und war von 1990 bis 2020 Präsident sowohl der Europäischen Akademie der Wissenschaften und Künste sowie des European Institute for Health.

Daisaku Ikeda
(1928–2023) war ab 1975 Präsident der Soka Gakkai International, einer buddhistischen Vereinigung, die Frieden, Kultur und Erziehung aktiv fördert und Mitglieder in mehr als 190 Ländern hat. Er ist der Autor von über 100 Büchern zu buddhistischen Themen und erhielt 1983 den Friedenspreis der Vereinten Nationen. Zudem wurde Ikeda mit zahlreichen akademischen Auszeichnungen von Forschungs- und Hochschuleinrichtungen geehrt. Er gründete u. a. die Soka-Schulen und -Universität in Japan sowie die Soka University of America in den USA.